新时代新征程

驻村帮扶与乡村治理

◎ 王晓毅 张 博 主编

学习出版社

图书在版编目（CIP）数据

新时代新征程驻村帮扶与乡村治理 / 王晓毅，张博主编. -- 北京：学习出版社，2023.11（2024.3 重印）

ISBN 978-7-5147-1227-8

Ⅰ．①新… Ⅱ．①王… ②张… Ⅲ．①扶贫－研究－中国②乡村－社会管理－研究－中国 Ⅳ．①F126②D638

中国国家版本馆CIP数据核字(2023)第179381号

新时代新征程驻村帮扶与乡村治理

XINSHIDAI XINZHENGCHENG ZHUCUN BANGFU YU XIANGCUN ZHILI

王晓毅 张 博 主编

责任编辑：胡 啸 许若曦
技术编辑：朱宝娟

出版发行：学习出版社
　　　　　北京市崇外大街11号新成文化大厦B座11层（100062）
　　　　　010-66063020 010-66061634 010-66061646
网　　址：http://www.xuexiph.cn
经　　销：新华书店
印　　刷：北京中科印刷有限公司

开　　本：710毫米×1000毫米　1/16
印　　张：15.25
字　　数：184千字
版次印次：2023年11月第1版　2024年3月第2次印刷

书　　号：ISBN 978-7-5147-1227-8
定　　价：52.00元

如有印装错误请与本社联系调换，电话：010-67081356

目 录

C O N T E N T S

导　言
新时代驻村帮扶与乡村治理

驻村帮扶是精准扶贫的重要机制，在脱贫攻坚中发挥了"最后一公里"的作用，在全面实施乡村振兴战略中，驻村帮扶依然发挥着重要作用。习近平总书记高度评价驻村帮扶工作所取得的成效，在规划巩固拓展脱贫攻坚成果同乡村振兴有效衔接，全面实施乡村振兴战略中提出了摘帽不摘责任、摘帽不摘政策、摘帽不摘帮扶、摘帽不摘监管的"四个不摘"要求。2021年，中共中央办公厅印发《关于向重点乡村持续选派驻村第一书记和工作队的意见》，要求向脱贫村、易地扶贫搬迁安置村、乡村振兴任务重的村和党组织软弱涣散村，继续派驻第一书记和工作队。《中共中央国务院关于做好2023年全面推进乡村振兴重点工作的意见》进一步明确指出，派强用好驻村第一书记和工作队，强化派出单位联村帮扶，更好发挥驻村干部、科技特派员产业帮扶作用。《国家乡村振兴局关于落实党中央国务院2023年全面推进乡村振兴重点工作部署的实施意见》把驻村帮扶作为4支帮扶力量之一，强调"抓好驻村帮扶，会同中央组织部指导各地做好驻村第一书记和工作队轮换工作，突出县级统筹、因村派人、科学组队，强化派出单位联村帮扶。加强对驻村第一书记和工作队员的培训和管理，使其把更多精力放在助推当地产业发展上"。

　　向农村派驻工作队是中国共产党农村工作的重要经验，在百余年历史中中国共产党多次向农村集中派驻工作队，发动群众，动员群众，使党的政策在基层得到贯彻执行。不同时期，农村工作队的任务不同，工作手法和所取得的成效不尽相同，但在夯实党在乡村的执政基础和锻炼培养党员干部两个方面的成效是共同的。在全面实施乡村振兴时期，驻村帮扶的工作要在建强村党组织、推进强村富民、提升治理水平和为民办事服务 4 个方面加强提高，取得实效。

提升乡村治理水平不仅是乡村振兴的保障，也是国家治理体系和治理能力现代化的基础。乡村振兴战略的 20 字方针提出了"治理有效"的要求，乡村振兴不仅需要有效的治理提供保障，有效的治理也是乡村振兴的目标，一个美丽、富裕的村庄一定是有序和有组织的村庄；实现中国式现代化"两步走"战略离不开国家治理体系和治理能力的现代化，而基层治理体系和治理能力是国家治理体系和治理能力的基础所在。党的二十大明确提出和美乡村的建设目标，和美乡村不仅要有美丽的生态环境，还要有和谐的社会秩序。和美乡村建设离不开完善乡村治理体系。

提升乡村治理水平是驻村帮扶的重要工作内容，也是驻村帮扶中难度较大的工作，本书希望帮助驻村第一书记和驻村帮扶工作队深入理解乡村治理的意义，明确乡村治理的工作内容，掌握乡村治理的工作方法，从而在乡村治理体系和治理能力现代化过程中，充分发挥驻村第一书记和工作队的作用。

一、中国共产党的农村工作经验

在百年奋斗历程中，中国共产党始终十分重视农民在中国革命中的地位和作用，中国革命不仅要依靠农民，而且是为了农民。在新民主主义革命时期，工农红军、八路军和新四军在不同阶段和不同地方都发挥了农村工作队的作用，中国共产党领导的军队在进行武装斗争的同时，也深入乡村发动群众进行土地改革、建立根据地，组织农民发展生产、建设乡村。

大规模向农村派驻工作队开始于土改时期，在解放军跨过长江，向南方进军的过程中就有大量工作队随行，在新解放区动员农民，进行土地改革，建立新的政权。在中华人民共和国成立以后的历次乡村建设运动中，也采取了向农村派驻工作队的方式，发动群众，将党和国家的政策贯彻到农村。

为了推动贫困地区发展，在改革开放以后，中央开始向扶贫重点地区派驻工作队，特别是进入21世纪以后，国家与农村社会的关系发生了根本性的变化，随着"城市反哺农村和工业反哺农业"政策的提出，国家停止征收农业税，增加农业农村资金投入，加快农业农村发展步伐，为此许多地方开始以科技特派员、社会主义新农村工作队、第一书记等名义，向乡村派驻工作队，这些工作队的主要任务是解决乡村发展中的困难，提供乡村发展所缺少的资源，推动乡村经济发展。在这个时期产生了福建南平的科技特派员经验，也涌现出安徽省小岗村第一书记沈浩等先进典型，以及广西的社会主义新农村工作队的生动实践。

在脱贫攻坚时期，以精准扶贫为基本方略，驻村帮扶形成了系统完整的制度，从派驻、考核到培训，积累了丰富的工作经验，成为脱贫攻坚的一项重要机制。为打赢脱贫攻坚战，全国 300 多万名驻村帮扶干部战斗在扶贫第一线，他们参与贫困农户的识别，保障扶贫政策的落实，解决扶贫中的问题；同时，他们带来扶贫资源，增加扶贫投入，从技术、发展理念到资金筹措等多个方面，有力地支持了贫困村贫困户的脱贫；他们推动形成新的增收机制，实施消费扶贫、推动电商扶贫、发展特色产业。在脱贫攻坚期间，驻村帮扶与基层政府和村"两委"一同战斗在第一线，打通了精准扶贫"最后一公里"，保障了脱贫攻坚目标的实现。

向乡村派驻工作队既是中国共产党的农村工作经验，也是适应新时期农业农村现代化的重要机制。

首先，驻村帮扶是党的群众路线的直接体现。通过大规模派遣干部深入乡村，走乡串户，实地了解群众的需求，把握农村的实际情况，最大限度地帮助农民解决生产生活中遇到的各种问题，拉近了党和群众之间的距离，使党始终不脱离群众，始终得到人民群众的拥护。其次，驻村帮扶为落实党和国家的政策提供了直通车。驻村帮扶干部来自上级机关，了解国家政策，以落实党和国家政策为主要目标，任务清晰明确，从而保障了党和国家政策的落实。最后，驻村帮扶为基层增加了有生力量。党和国家的农村政策需要通过基层政府和村级组织的落实，但是在基层政府和村"两委"存在许多困难和问题，包括干部数量不足、干部素质不高、普遍缺乏人才，以及部分地区干部腐败、不作为等问题，向贫困地区和党组织软弱涣散村庄派驻帮扶工作队，有力地弥补了基层工作的短板，提升了基层工作的效能。更重要的是，驻村帮扶为乡村脱贫和振兴提供了新的思路、新的方法，引入了新的资源，建立了新的机制。

在这些直接效果之外，最重要的是驻村帮扶夯实了党在农村的基础，锻炼培养了干部。驻村帮扶改变了少数乡村地区党组织软弱涣散的局面，增强了党组织的战斗力，提升了为民办实事的能力，使党的基层组织在团结带领群众方面有了更强的战斗力。同时，大批干部深入乡村，更好地了解国情民情，培养了与群众的感情，也提升了他们发现问题和解决问题的能力。

二、全面实施乡村振兴战略中的
驻村帮扶

　　随着脱贫攻坚目标实现，在全面建成小康社会的基础上，中国开始了实现社会主义现代化的新征程。在巩固拓展脱贫攻坚成果同乡村振兴有效衔接，实现农业农村现代化过程中，驻村帮扶仍然具有不可替代的重要作用。按照中央的决策部署，在全面建设社会主义现代化过程中，继续选派驻村第一书记和工作队，驻村帮扶承担着巩固拓展脱贫攻坚成果、全面推进乡村振兴和锻炼干部的三重任务。

　　脱贫攻坚只是在消除绝对贫困的标准下实现了消除贫困的目标，但是返贫的可能性仍然存在，保证脱贫人口不返贫仍然是工作难点。2020 年年底发布的《中共中央国务院关于实现巩固拓展脱贫攻坚成果同乡村振兴有效衔接的意见》中明确指出，脱贫摘帽不是终点，而是新生活、新奋斗的起点。打赢脱贫攻坚战、全面建成小康社会后，要在巩固拓展脱贫攻坚成果的基础上，做好乡村振兴这篇大文章，接续推进脱贫地区发展和群众生活改善，对巩固拓展脱贫攻坚成果和乡村振兴任务重的村，继续选派驻村第一书记和工作队，健全常态化驻村工作机制。从"两不愁三保障"的脱贫目标转向全面乡村振兴，不仅要继续提振乡村经济，而且要加强乡村治理。要实现乡村全面振兴，驻村第一书记和工作队的工作任务更加重要，特别是在乡村治理中发挥作用。

在实现脱贫攻坚目标以后，国家开始全面实施乡村振兴战略，这是坚持农业农村优先发展战略的进一步升级。首先，全面实施乡村振兴战略覆盖了更广的范围，提出了更高的要求，尽管发达地区的乡村与贫困地区的乡村发展水平和发展速度都不同，但是都需要有效地解决发展中的问题。其次，乡村振兴的内容也更加全面，长期以来各级政府对提高农民收入关注较多，而乡村振兴战略关系到乡村的方方面面，通过全面提升乡村发展质量，缩小城乡差别，形成乡村持久发展的机制。在这种背景下，驻村帮扶具有了更加重要的意义，不仅要帮扶乡村产业，更重要的是形成有效的乡村治理机制，从而为乡村持续发展打下基础。正是这个原因，在全面实施乡村振兴战略过程中，驻村帮扶的形式有了许多创新，比如在覆盖范围上，出现驻村和驻镇帮扶相结合，不再仅仅局限于村庄的范围之内；在帮扶结构上，出现了组队帮扶，将不同专业的人才组合起来，形成帮扶合力。

驻村帮扶仍然是锻炼干部，特别是锻炼年轻干部的重要途径。乡村是中国的根基，乡村工作复杂且艰苦，长时间且深入的驻村帮扶工作可以锻炼驻村帮扶干部的毅力，进一步形成吃苦耐劳、勇于奉献的精神；同时，驻村帮扶有助于建立与人民群众的深厚感情，形成与人民群众的密切联系。习近平总书记指出："要充实一线扶贫工作队伍，发挥贫困村第一书记和驻村帮扶工作队作用，在实战中培养锻炼干部，打造一支能征善战的干部队伍。"[1]

---

[1] 中共中央党史和文献研究院编：《习近平扶贫论述摘编》，中央文献出版社2018年版，第45页。

三、新时代新征程驻村帮扶的要求

　　党的二十大系统地总结了党的十八大以来党和国家事业取得的历史性成就、发生的历史性变革，阐述了到 2035 年的奋斗目标，规划了实现目标的路径，新时代的中国特色社会主义开启了新征程。在全面建设社会主义现代化国家的进程中，最艰巨、最繁重的任务仍然在农村，要继续全面实施乡村振兴战略，坚持农业农村优先发展；走中国式现代化道路，要加强党的领导，发展全过程人民民主，坚持中国特色社会主义法治道路，建设具有强大凝聚力和引领力的社会主义意识形态，完善社会治理体系，健全共建共治共享的社会治理制度。这些都对驻村帮扶工作提出了新的要求。

　　一是全面实施乡村振兴的要求。习近平总书记在党的二十大报告中强调："全面推进乡村振兴，坚持农业农村优先发展，巩固拓展脱贫攻坚成果，加快建设农业强国，扎实推动乡村产业、人才、文化、生态、组织振兴。"全面乡村振兴离不开完善乡村治理机制和提升乡村治理能力。新时期的乡村产业发展不能仅仅依靠一家一户发展农业，需要将农民组织起来，只有提升乡村的组织能力，才能与市场对接，发展多种产业；人才振兴意味着城乡之间要素流动，特别是人才的流动更加常态化，乡村治理需要在城乡融合的背景下统筹考虑，不能再仅仅局限于村庄之内；文化振兴要丰富村民文化生活，增强村民对乡村传统文化的自信，树立良好的社会风气，乡村的道德和乡规民约的建设更加重要；生态振兴不仅要保护生态环境，也要改善乡村人居环境，缩小城乡差别，统筹乡村基础设施和公共服务布局，建设宜居宜业和美乡村，生态环境治理成为乡村治理的重要内容；组织振兴要推动基层党组织建设，培育多种社会组织。因此，提升乡村治理能力和治理水平成为全面乡村振兴的基础性工作。

新征程乡村发展的目标是共同富裕和农业农村现代化，在这个背景下，有效的乡村治理承担着重建利益格局、维护乡村秩序和推动乡村发展的责任。共同富裕要缩小差别，包括缩小城乡、贫富的差别，但是共同富裕并不意味着绝对的平均主义，共同富裕要在促进发展的基础上构建合理的利益格局；同时，乡村振兴需要乡村的有序发展，减少社会冲突，化解社会矛盾，实现社会稳定，这需要在乡村构建良好的社会秩序；有效的乡村治理才能带来和谐繁荣的乡村。因此，驻村帮扶不仅要推进产业发展，更重要的是建立乡村的有效治理。

二是乡村治理现代化的要求。党的二十大提出到 2035 年要基本实现国家治理体系和治理能力现代化。国家治理体系和治理能力现代化是筑牢基层治理的基础。

驻村帮扶既是推动乡村治理体系现代化的重要动力，也是乡村治理体系的组成部分。党的二十大指出，要"健全共建共治共享的社会治理制度，提升社会治理效能。在社会基层坚持和发展新时代'枫桥经验'，完善正确处理新形势下人民内部矛盾机制，加强和改进人民信访工作，畅通和规范群众诉求表达、利益协调、权益保障通道，完善网格化管理、精细化服务、信息化支撑的基层治理平台，健全城乡社区治理体系，及时把矛盾纠纷化解在基层、化解在萌芽状态"。

2021 年，中共中央国务院发布的《关于加强基层治理体系和治理能力现代化建设的意见》中提出了基层治理的目标是，"力争用

5 年左右时间，建立起党组织统一领导、政府依法履责、各类组织积极协同、群众广泛参与，自治、法治、德治相结合的基层治理体系，健全常态化管理和应急管理动态衔接的基层治理机制，构建网格化管理、精细化服务、信息化支撑、开放共享的基层管理服务平台；党建引领基层治理机制全面完善，基层政权坚强有力，基层群众自治充满活力，基层公共服务精准高效，党的执政基础更加坚实，基层治理体系和治理能力现代化水平明显提高。在此基础上力争再用 10 年时间，基本实现基层治理体系和治理能力现代化，中国特色基层治理制度优势充分展现"。① 到 2035 年基本实现国家治理体系和治理能力现代化的目标，要在基层发力，从基层做起，筑牢基础，需要驻村帮扶在完善乡村治理机制上下功夫。

三是新时代新征程驻村帮扶干部能力提升的要求。在脱贫攻坚目标实现以后，巩固拓展脱贫攻坚成果同乡村振兴有效衔接，扩大了驻村帮扶本身的工作范围，提出了更高的工作目标，新的要求需要驻村帮扶干部提升能力、守正创新。

首先，进一步提高政治站位，深入理解乡村振兴在国家现代化中的重要意义，深入理解乡村治理是我国国家治理体系和治理能力现代化的重要组成部分。驻村帮扶干部要提高驻村帮扶的主动性，要有奉献精神和严于律己的工作精神。

其次，有创新创业能力。各类村庄，如脱贫村、易地搬迁村、党组织软弱涣散村所面临的发展问题不同，不同地区的村庄所面临的发展背景不同，东部和西部、平原地区和山区、城郊地区和边远地区，其资源禀赋和发展路径不同，实现有效治理，需要驻村帮扶干部有创新创业能力，多方动员资源，将党和国家的政策落到实处。

---

① 《中共中央国务院关于加强基层治理体系和治理能力现代化建设的意见》，《人民日报》2021 年 7 月 12 日。

最后，有群众工作能力，善于深入群众，处理复杂问题。驻村帮扶的根本就是要提升农民的生产生活水平，让群众满意、有获得感。农民的要求是具体的，驻村帮扶干部需要认真地走村串户，先做农民的学生，再做农民的先生，坚持一切为了人民，一切依靠人民。许多驻村帮扶干部缺乏农村工作经验，但是事实证明，只要深入群众，虚心学习，驻村帮扶干部可以成为农民群众的贴心人。从锻炼和培养党的干部角度看，驻村帮扶还关系到党的队伍建设。

在全面实施乡村振兴，推动农业农村现代化过程中，驻村帮扶承担着更重要职责，需要驻村第一书记和工作队能够适应新的形势，提升能力，脚踏实地，投身于这场伟大的社会变革。

四、本书的主要内容和使用方法

本书的写作目的是为广大驻村帮扶干部提供一个提升乡村治理水平的工作参考，介绍乡村治理的主要工作内容，明确驻村帮扶在乡村治理中的重点任务和目标，介绍乡村治理的工作方法和工作经验。

（一）本书写作目的

本书的读者对象是从事乡村一线工作的第一书记、驻村帮扶工作队，以及其他从事乡村工作的挂职干部、大学生村官、返乡青年等。在初涉乡村工作时，他们可能对乡村工作的复杂性还不够了解，需要一些工作上的引导。乡村治理是一项难度较大的工作，每一个乡村的情况都不同，乡村治理的难点和问题也不同，需要根据当地情况采取有针对性的措施。但是乡村治理也并非没有规律可循，要做好乡村治理工作，就需要了解乡村治理的工作任务是什么，党和国家在乡村治理方面有哪些政策和期望，乡村治理有哪些成功的经验可以学习借鉴，以及乡村治理工作中有哪些困难和问题，如何加以克服和解决。

我们希望读者通过本书可以把握乡村治理的核心内容，一是学习习近平总书记关于"三农"工作的重要论述，这是新时代乡村治理的根本遵循；二是了解乡村治理的政策要求、工作内容和工作目标，从而对乡村治理有比较系统的了解；三是了解驻村帮扶如何推动乡村治理体系完善和治理能力提升，在推进乡村治理的工作中有哪些工作经验值得借鉴和学习。

本书并非一个工作手册，可以按图索骥地按照手册要求一步一步去做，也并非资料汇总，让读者可以从中查阅各种需要的信息。本书只是指引，给读者提供一些核心概念、重要内容，使读者受到一些启发，从而可以在驻村帮扶实践中创造性地开展工作。

（二）本书主要内容

本书主要由 3 个部分构成。

第一部分是书的导言、第一章，主要对乡村治理的背景、宗旨、任务和目标，从理论上进行了阐述，为读者提供乡村治理的背景知识。乡村治理是乡村振兴的重要内容，既是乡村振兴的目标，也是乡村振兴的保障，没有有效的乡村治理就没有真正的乡村振兴。在国家治理体系和治理能力现代化中，乡村治理也肩负着重要责任，基层治理体系和治理能力的现代化是国家现代化的基础。习近平总书记多次对乡村治理作出重要指示，强调乡村治理要以人民为中心，满足人民群众对公共服务的需求；指出组织振兴是乡村振兴的重要目标；强调要学习"枫桥经验"，提升基层组织化解矛盾的能力。习近平总书记的重要论述为乡村治理提供了根本遵循。党的十八大以来，以习近平同志为核心的党中央高度关注乡村治理问题，乡村治理的政策和机制不断完善。作为巩固拓展脱贫攻坚成果同乡村振兴有效衔接的重要力量，驻村帮扶在推进乡村治理机制和治理能力现代化过程中，担负着重要责任。

　　第二部分包括第二章至第九章共 8 章，分别从驻村帮扶在加强和改进乡村治理中的作用、加强基层党建引领乡村治理、提升为农服务能力、推进依法治村、完善村民自治、弘扬乡村优秀文化、拓展乡村治理领域和创新乡村治理机制等 8 个方面，阐述驻村帮扶如何在乡村治理中发挥作用、开展工作。驻村帮扶推动乡村治理，第一，要有清晰的定位，了解驻村帮扶的任务和优势，在推进乡村治理工作中，发挥优势，与乡镇政府和村"两委"协同工作。乡村治理体系的建设和能力提升的首要任务是加强基层党组织建设，选拔好的带头人，把优秀的人才吸收到党组织中，充分发挥党员的模范带头作用。第二，要围绕"三治融合"开展工作，切实加强乡村的法治建设，提升乡村自治水平，加强完善乡规民约，发挥道德在乡村治理中的作用。第三，乡村治理和驻村帮扶都要根据帮扶对象的具体情况，有针对性地开展工作，随着乡村振兴的不断推进，乡村治理的范围和内容也在逐渐扩大，帮扶的形式也在不断创新。总之，在乡村治理中驻村帮扶要在补短板、提能力、建机制上下功夫。

　　第三部分包括第十章至第十二章共 3 章。这部分分析了如何提升驻村帮扶在乡村治理中的成效，分别从评价体系、能力建设和工作作风 3 个方面，提出了提升驻村帮扶工作效果的 3 个因素。科学合理的评价体系有助于调动驻村帮扶干部的工作积极性，引导他们的工作方向，因此需要建立有效的评价体系。驻村帮扶干部需要在工作中不断提升自己的能力，特别是要有高标准的政治素质，能够密切联系群众，落实党和国家的政策，创造性地开展工作。良好的工作作风体现在驻村帮扶干部要吃苦耐劳，勇于承担，踏踏实实地为群众办实事。最后，本书还提供了兰考县的案例，在焦裕禄精神的引导下，兰考县的驻村第一书记和工作队开展乡村治理工作成效显著，形成了可借鉴的经验。

（三）本书使用方法

第一，本书是一个工作指引。读者在阅读本书过程中，根据本书提供的逻辑和线索，进一步深入学习习近平总书记关于"三农"工作的重要论述，加深对乡村治理的认识；同时认真学习党和国家关于乡村治理和驻村帮扶的政策，领会党和国家对乡村治理的总体安排。

第二，本书是一本教材，可用于驻村帮扶干部的培训。对于驻村帮扶干部来说，乡村治理是一个新的工作领域，需要在培训中重点加强。本书为驻村帮扶干部培训提供了基本的框架和培训资料。

第三，本书可以与驻村帮扶典型案例、乡村治理典型案例等实践经验相互参照，帮助驻村帮扶干部开阔视野，提升工作主动性。本书还可以与《驻村帮扶与乡村振兴工作指引》（中国文联出版社，2022 年 10 月出版）配合使用。

第一章
乡村治理的要求和任务

乡村治理是国家治理的基石，是乡村振兴的重要内容，不仅关系到农村改革发展，更关乎党在农村的执政基础，影响到农村社会和谐稳定。回顾百年奋斗历程，中国共产党始终重视乡村治理工作，开展了理论与实践探索，有力地推动了乡村治理历史进程。党的十八大以来，以习近平同志为核心的党中央立足新时代"三农"工作形势，围绕乡村治理这一重点工作提出了一系列新观点、新论断、新要求，创新性地形成了内涵丰富、逻辑严密的乡村治理重要论述，为新时代走好乡村善治之路提供了根本遵循。本章一方面阐述了习近平总书记关于乡村治理重要论述的科学内涵，旨在引导广大乡村干部学习领会其主要内容，明确新时代开展乡村治理工作的指导思想和时代方位；另一方面系统阐述了新时代新征程乡村治理的任务和目标。

一、乡村治理工作的根本遵循

习近平总书记关于乡村治理的重要论述，是我们党关于"三农"工作的重要理论成果，是新时代加强和改进乡村治理的根本遵循和行动纲领，对于推进乡村治理体系和治理能力现代化、走好中国特色社会主义乡村善治之路，具有重要的指导意义和实践价值。

（一）推进乡村治理体系和治理能力现代化

推进乡村治理体系和治理能力现代化是实施乡村振兴战略、实现乡村治理有效的客观要求。新时代以来，随着我国社会基本矛盾发生转变，"三农"工作领域面临着新态势、新局面、新挑战，广大农民群众不仅对物质文化生活提出了更高要求，而且在民主、法治、公平、正义、安全、环境等方面有着更高的期待。为此，党和国家作出了实施乡村振兴战略的重大决策部署，并提出了"产业兴旺、生态宜居、乡风文明、治理有效、生活富裕"的总要求。其中，治理有效就是乡村振兴战略在社会治理领域的目标要求。正如习近平总书记所指出的，"治理有效，是乡村振兴的重要保障，从'管理民主'到'治理有效'，是要推进乡村治理能力和治理水平现代化，让农村既充满活力又和谐有序"①，这深刻地揭示了推进乡村治理现代化是乡村振兴的题中应有之义。

推进乡村治理体系和治理能力现代化是农村现代化的重要组成部分，也是乡村治理的总体目标任务。习近平总书记指出，"农村现代化既包括'物'的现代化，也包括'人'的现代化，还包括乡村治理体系和治理能力的现代化"。② 近年来，多个中央一号文件都把乡村治理作为"三农"工作重点进行部署。2019年中共中央办公厅、国务院办公厅专门印发了《关于加强和改进乡村治理的指导意见》，明确了乡村治理的总体目标，擘画了具体的"路线图""时间表"。到2020年，现代乡村治理的制度框架和政策体系基本形成，农村基层党组织更好地发挥战斗堡垒作用，以党组织为领导的农村基层组织建设明显加强，村民自治实践进一步深化，村级议事协商制度进一步健全，乡村治理体系进一步完善。到2035年，乡村公共服务、公共管理、公共安全保障水平显著提高，党组织领导的自治、法治、德治相结合的乡村治理体系更加完善，乡村社会治理有效、充满活力、和谐有序，乡村治理体系和治理能力基本实现现代化。

（二）强化农村基层党组织领导作用

农村基层党组织是党在农村全部工作和战斗力的基础，也是乡村治理的领导核心。党的十八大以来，农村基层党组织建设仍面临着诸多问题和挑战，集中表现为农村党员干部能力薄弱、农村基

---

① 中共中央党史和文献研究院编：《习近平关于"三农"工作论述摘编》，中央文献出版社2019年版，第22页。
② 中共中央党史和文献研究院编：《习近平关于"三农"工作论述摘编》，中央文献出版社2019年版，第45页。

层党组织软弱涣散、公共管理和社会服务不强等突出问题，极大地减小了党的路线方针政策和决策部署贯彻落实的力度，严重削弱了党的执政基础和乡村治理效能。对此，习近平总书记多次指出，要"建立健全党委领导、政府负责、社会协同、公众参与、法治保障的现代乡村社会治理体制"[①]，"完善党组织领导的自治、法治、德治相结合的乡村治理体系"[②]，旗帜鲜明地将党的领导放在乡村治理的首要位置。他强调，要采取切实有效措施，强化农村基层党组织领导作用，选好配强农村党组织书记，整顿软弱涣散村党组织，切实巩固好党的执政根基。

（三）深化村民自治实践

村民自治在乡村治理中发挥着基础性作用，实行村民自治是彰显全过程人民民主的重要体现。回顾历史，村民自治是党领导下农民探索形成的智慧成果和伟大创举，顺应了乡村社会发展的趋势和规律，充分发挥农民的主体性，激发农民参与公共事务的内在活力，在乡村治理过程中发挥着基础性、关键性作用。党的十八大以来，面对乡村"空心化"、村民自治参与度不高等突出难题，习近平总书记强调要创新村民自治的有效实现形式，深化村民自治实践，从而不断调动广大农民的积极性、主动性、创造性，把广大农民对美好生活的向往转化为推动乡村振兴的动力。

[①] 中共中央党史和文献研究院编：《习近平关于"三农"工作论述摘编》，中央文献出版社2019年版，第135页。
[②]《习近平在中央农村工作会议上强调 锚定建设农业强国目标 切实抓好农业农村工作》，《人民日报》2022年12月25日。

（四）加强法治乡村建设

乡村善治，法治为本。习近平总书记指出，法治是乡村治理的前提和保障，加强法治乡村建设是实施乡村振兴战略、推进全面依法治国的基础性工作。因此在多个中央一号文件中，法治保障既是建立现代乡村社会治理体制的重要内容和原则之一，也是健全乡村治理体系的题中应有之义。乡村治理只有在法治的轨道里推进，才能有力地打击违法犯罪行为，有效地保障农民合法权益，有序地维护乡村和谐稳定。

（五）提升乡村德治水平

法安天下，德润人心。法治是乡村治理的刚性手段，德治是乡村治理的柔性规范，二者如一体双翼，相辅相成、相得益彰，都是调节社会关系、规范社会行为、维护社会稳定、促进社会和谐的重要保障。习近平总书记强调："我国农耕文明源远流长、博大精深，是中华优秀传统文化的根。我国很多村庄有几百年甚至上千年的历史，至今保持完整。很多风俗习惯、村规民约等具有深厚的优秀传统文化基因，至今仍然发挥着重要作用。要在实行自治和法治的同时，注重发挥好德治的作用，推动礼仪之邦、优秀传统文化和法治社会建设相辅相成。要继续进行这方面的探索和创新，并不断总结推广。"[①] 健全乡村治理体系、走好乡村善治之路，必须要着力发挥德治作用，提升乡村德治水平。

---

① 习近平：《把乡村振兴战略作为新时代"三农"工作总抓手》，《求是》2019 年第 11 期。

（六）创新乡村治理方式

创新乡村治理方式是增强为民服务能力、提高乡村善治水平的必由之路。随着新一轮科技革命和产业变革的加速演进，以大数据、5G、物联网、区块链、人工智能等为代表的信息技术方兴未艾，不仅推动"三农"领域发生深刻变革，而且对新时代乡村治理提出了全新挑战。对此，习近平总书记强调："要用好现代信息技术，创新乡村治理方式，提高乡村善治水平。"[①] 新时代推进乡村治理体系和治理能力现代化，必须要紧跟时代发展变化、不断创新方式方法。

---

① 习近平：《坚持把解决好"三农"问题作为全党工作重中之重　举全党全社会之力推动乡村振兴》，《求是》2022年第7期。

二、党领导乡村治理的基本准则

乡村作为国家政权体系的基础单元，其治理工作是推进国家治理体系和治理能力现代化的重要基石。中国共产党在不同的历史时期积极探索适应乡村治理的基本理念、体制机制、方式方法，化解了乡村治理中的一系列难题，积累了一系列丰富经验，取得了一系列重大成就。党领导乡村治理的基本经验，是开展乡村治理工作的宝贵财富，值得广大乡村干部认真学习把握。

（一）坚持把党的领导作为根本指南

办好农村的事情，关键在党。深入实施乡村振兴战略，提升乡村治理效能，必须加强和改善党对"三农"工作的集中统一领导，充分发挥党把方向、谋大局、定政策、促改革的主心骨作用，提高党全面领导新时代"三农"工作的能力和水平。在加强党对乡村治理领导中，要注重完善党领导农村工作的体制机制，明确新时代党的农村工作主要任务，创新基层党组织推进乡村治理的方法。

（二）坚持把夯实基层基础作为固本之策

党的工作最坚实的力量支撑在基层，经济社会发展和民生最突出的矛盾和问题也在基层。基层是整个国家治理的"微细胞",也是公共治理的"最后一公里",更是人民群众感知生活效度与温度的"神经末梢",必须把抓基层、打基础作为长远之计和固本之策。在夯实基础中,要强化基层党组织政治与组织功能,推动治理和服务重心向基层下移,尊重发挥农民群众首创精神。

(三)坚持把治理体系和治理能力建设作为主攻方向

乡村治理体系现代化是强化系统治理、综合治理、源头治理和智慧治理以实现乡村善治的过程,乡村治理能力现代化则是各类组织力量和农民个体力量、正式力量和非正式力量相辅相成以促进现代化建设的过程,将二者的协同建设作为主攻方向,有助于解决农村发展"固有顽疾"和新生问题。乡村治理现代化要推进乡村治理改革,推进乡村治理体系现代化;提升乡村治理水平,推进乡村治理能力现代化;创新乡村治理模式,构建新型乡村治理共同体。

(四)坚持把全过程人民民主作为题中应有之义

全过程人民民主是社会主义民主政治的本质属性,是最广泛、最真实、最管用的民主。全过程人民民主的概念虽然提出于新时代背景下,但中国共产党自成立之日起就以谋求人民当家作主为己任。中国共产党领导的革命政权是在农村建立起来的,农村基层民主建设可谓全过程人民民主的重要源头。坚持全过程人民民主就要加强人民当家作主制度保障。确保农民群众依法通过各种途径和形式民主管理乡村事务,全面发展农村基层协商民主,健全基层群众民主自治机制。

（五）坚持把保障和改善农村民生、促进农村和谐稳定作为根本目的

中国共产党领导人民打江山、守江山，守的是人民的心。为民造福是立党为公、执政为民的本质要求，实现好、维护好、发展好最广大人民的根本利益是党和国家一切工作的出发点和落脚点。党的组织必须深入群众、深入基层，在发展中保障和改善民生，促进农村社会的和谐稳定。促进社会和谐稳定要坚持乡村治理，以满足农民美好生活需要为导向；坚持乡村治理以增进民生福祉为追求，增进民生福祉体现了党以人民为中心的价值追求，彰显了党的初心和宗旨；坚持乡村治理以促进农民农村共同富裕为目标。保持农村和谐稳定，保证农业稳固发展，保障农民主体地位，是乡村治理的根本目标。

三、乡村治理总体框架

加强和改进乡村治理，首先要弄清楚乡村治理的总体规划和要求，包括乡村治理的制度框架和政策体系、指导思想、总体目标、工作原则、主要任务、重点工作等。

（一）制度框架和政策体系

党和政府高度重视乡村治理制度和政策体系建设工作。中国特色社会主义进入新时代以来，我国实施乡村振兴战略，为实现乡村治理有效的目标，出台一系列涉及法律法规、制度程序和政策安排，构成了一套相对成熟的制度框架和政策体系，是新时代加强和改进乡村治理的行动指南。

（二）指导思想

以习近平新时代中国特色社会主义思想为指导，全面贯彻党的十九大和十九届二中、三中全会精神，紧紧围绕统筹推进"五位一体"总体布局和协调推进"四个全面"战略布局，按照实施乡村振兴战略的总体要求，坚持和加强党对乡村治理的集中统一领导，坚持把夯实基层基础作为固本之策，坚持把乡村治理体系和治理能力建设作为主攻方向，坚持把保障和改善农村民生、促进农村和谐稳定作为根本目的，建立健全党委领导、政府负责、社会协同、公众参与、法治保障、科技支撑的现代乡村社会治理体制，以自治增活力、以法治强保障、以德治扬正气，健全党组织领导的自治、法治、德治相结合的乡村治理体系，构建共建共治共享的社会治理格局，走中国特色社会主义乡村善治之路，建设充满活力、和谐有序的乡村社会，不断增强广大农民的获得感、幸福感、安全感。

（三）总体目标

到 2035 年，乡村公共服务、公共管理、公共安全保障水平显著提高，党组织领导的自治、法治、德治相结合的乡村治理体系更加完善，乡村社会治理有效、充满活力、和谐有序，乡村治理体系和治理能力基本实现现代化。从治理水平、治理体系和治理能力 3 个方面全方位地提出了总体目标。

（四）工作原则

遵循基层治理工作原则。坚持党对基层治理的全面领导，把党的领导贯穿基层治理全过程、各方面。坚持全周期管理理念，强化系统治理、依法治理、综合治理、源头治理。坚持因地制宜，分类指导、分层推进、分步实施，向基层放权赋能，减轻基层负担。坚持共建共治共享，建设人人有责、人人尽责、人人享有的基层治理共同体。

遵循党的农村工作原则。坚持党对农村工作的全面领导，确保党在农村工作中总揽全局、协调各方，保证农村改革发展沿着正确的方向前进；坚持以人民为中心，尊重农民主体地位和首创精神，切实保障农民物质利益和民主权利，把农民拥护不拥护、支持不支持作为制定党的农村政策的依据；坚持巩固和完善农村基本经营制度，夯实党的农村政策基石；坚持走中国特色社会主义乡村振兴道路，推进乡村产业振兴、人才振兴、文化振兴、生态振兴、组织振兴；坚持教育引导农民听党话、感党恩、跟党走，把农民群众紧紧团结在党的周围，筑牢党在农村的执政基础；坚持一切从实际出发，分类指导、循序渐进，不搞强迫命令、不刮风、不一刀切。①

（五）主要任务

乡村治理任务繁杂，涉及政治、文化、社会等多个领域。《关于加强和改进乡村治理的指导意见》指出，现阶段乡村治理的主要任务有 17 项，分别是完善村党组织领导乡村治理的体制机制；发挥党员在乡村治理中的先锋模范作用；规范村级组织工作事务；增强村民自治组织能力；丰富村民议事协商形式；全面实施村级事务阳光工程；积极培育和践行社会主义核心价值观；实施乡风文明培育行动；发挥道德模范引领作用；加强农村文化引领；推进法治乡村建设；加强平安乡村建设；健全乡村矛盾纠纷调处化解机制；加大基层小微权力腐败惩治力度；加强农村法律服务供给；支持多方主体参与乡村治理；提升乡镇和村为农服务能力。②

---

① 《中共中央印发〈中国共产党农村工作条例〉》，《人民日报》2019 年 9 月 2 日。
② 中共中央办公厅、国务院办公厅印发《关于加强和改进乡村治理的指导意见》，《人民日报》2019 年 6 月 24 日。

（六）重点工作

乡村治理重点工作，既有延续性也有变动性，2023 年的重点工作是提升乡村治理效能，具体内容如下：

坚持以党建引领乡村治理，强化县乡村三级治理体系功能，压实县级责任，推动乡镇扩权赋能，夯实村级基础。全面落实县级领导班子成员包乡走村、乡镇领导班子成员包村联户、村干部经常入户走访制度。健全党组织领导的村民自治机制，全面落实"四议两公开"制度。加强乡村法治教育和法律服务，深入开展"民主法治示范村（社区）"创建。坚持和发展新时代"枫桥经验"，完善社会矛盾纠纷多元预防调处化解机制。完善网格化管理、精细化服务、信息化支撑的基层治理平台。推进农村扫黑除恶常态化。开展打击整治农村赌博违法犯罪专项行动。依法严厉打击侵害农村妇女儿童权利的违法犯罪行为。完善推广积分制、清单制、数字化、接诉即办等务实管用的治理方式。深化乡村治理体系建设试点，组织开展全国乡村治理示范村镇创建。①

---

① 《中共中央国务院关于做好 2023 年全面推进乡村振兴重点工作的意见》，《人民日报》2023 年 2 月 14 日。

四、乡村治理的主要任务

乡村治理的主要任务和职责是推动乡村治理体系和治理能力现代化，提高乡村治理效能，构建既充满活力又和谐有序的社会局面，推动乡村全面振兴，为夯实党长期执政的群众基础以及不断满足农村居民对美好生活的向往创造有利的政治社会条件。

乡村治理的具体工作包括 4 个方面：推进党的建设，加强党的领导；统筹村级组织建设，完善乡村治理体系；加强社会治理，促进和谐稳定；发展乡村民主，增强发展活力。掌握这 4 个方面的具体决策部署和法制框架至关重要。

（一）推进党的建设，加强党的领导

关于这方面的具体部署和相关法制要求见诸《中国共产党章程》《中国共产党农村工作条例》《中国共产党农村基层组织工作条例》等。

1. 村级党组织的功能定位

街道、乡、镇党的基层委员会和村、社区党组织，统一领导本地区基层各类组织和各项工作，加强基层社会治理，支持和保证行政组织、经济组织和群众性自治组织充分行使职权。其中，乡镇党的委员会（以下简称乡镇党委）和村党组织（村指行政村）是党在农村的基层组织，是党在农村全部工作和战斗力的基础，全面领导乡镇、村的各类组织和各项工作。换言之，中国共产党农村基层组织，按照中国共产党章程和有关规定发挥全面领导作用。村民委员会、农村集体经济组织等应当在乡镇党委和村党组织的领导下，实行村民自治，发展集体所有制经济，维护农民合法权益，并应当接受村民监督。

2. 村级党组织建设的工作重点

以提升组织力为重点，突出政治功能，把农村基层党组织建设成为宣传党的主张、贯彻党的决定、领导基层治理、团结动员群众、推动改革发展的坚强战斗堡垒，发挥党员先锋模范作用。坚持农村基层党组织领导地位不动摇，乡镇党委和村党组织全面领导乡镇、村的各类组织和各项工作。村党组织书记应当通过法定程序担任村民委员会主任和村级集体经济组织、合作经济组织负责人，推行村"两委"班子成员交叉任职。加强村党组织对共青团、妇联等群团组织的领导，发挥它们的积极作用。健全村党组织领导下的议事决策机制、监督机制，建立健全村务监督委员会，村级重大事项决策实行"四议两公开"。

3. 村级党组织的主要职责

村级党组织是村庄的领导机构，向上要能够贯彻执行党的政策和路线，向下要能够密切联系群众，统领包括村民委员会在内的各个组织。党支部的重要职责主要有 6 项，分别是宣传和贯彻执行党的路线方针政策和党中央、上级党组织及本村党员大会（党员代表大会）的决议；讨论和决定本村经济建设、政治建设、文化建设、社会建设、生态文明建设和党的建设以及乡村振兴中的重要问题；领导和推进村级民主选举、民主决策、民主管理、民主监督，推进农村基层协商，支持和保障村民依法开展自治活动；加强村党组织自身建设，严格组织生活，对党员进行教育、管理、监督和服务；组织群众、宣传群众、凝聚群众、服务群众；领导本村的社会治理。

（二）统筹村级组织建设，完善乡村治理体系

除村党组织外，村级组织还有村民自治组织（如村民会议、村民代表会议、村民委员会、村民议事会等）、农村集体经济组织、农村社区社会组织等。村级组织建设和乡村治理体系的完善指的是各类组织得以建立健全、定位科学、分工明确、功能耦合，其他各类村级组织在村党组织的领导下形成有效的强大治理合力。

乡村治理体系建设目标是：建立健全党委领导、政府负责、民主协商、社会协同、公众参与、法治保障、科技支撑的现代乡村社会治理体制和自治、法治、德治相结合的乡村社会治理体系，建设充满活力、和谐有序的善治乡村。[1]

2023年工作目标是：强化农村基层党组织政治功能和组织功能。突出大抓基层的鲜明导向，强化县级党委抓乡促村责任，深入推进抓党建促乡村振兴。全面培训提高乡镇、村班子领导乡村振兴能力。派强用好驻村第一书记和工作队，强化派出单位联村帮扶。开展乡村振兴领域腐败和作风问题整治。持续开展市县巡察，推动基层纪检监察组织和村务监督委员会有效衔接，强化对村干部全方位管理和经常性监督。对农村党员分期分批开展集中培训。通过设

---

[1] 《中华人民共和国乡村振兴促进法》，《人民日报》2021年5月20日。

岗定责等方式，发挥农村党员先锋模范作用。[①]

完善乡村治理体系重点抓好以下工作：

第一，加强村级组织体系建设。总体目标是：建立以基层党组织为领导、村民自治组织和村务监督组织为基础、集体经济组织和农民合作组织为纽带、其他经济社会组织为补充的村级组织体系。其中需要注意以下 5 点。

一是村党组织全面领导村民委员会及村务监督委员会、村集体经济组织、农民合作组织和其他经济社会组织。二是村民委员会要履行基层群众性自治组织功能，增强村民自我管理、自我教育、自我服务能力。三是村务监督委员会要发挥在村务决策和公开、财产管理、工程项目建设、惠农政策措施落实等事项上的监督作用。四是集体经济组织要发挥在管理集体资产、合理开发集体资源、服务集体成员等方面的作用。五是农民合作组织和其他经济社会组织要依照国家法律和各自章程充分行使职权。

此外，要抓好党建引领社会参与工作。完善党建引领的社会参与制度。坚持党建带群建，更好履行组织、宣传、凝聚、服务群众职责。统筹基层党组织和群团组织资源配置，支持群团组织承担公共服务职能。培育扶持基层公益性、服务性、互助性社会组织。支持党组织健全、管理规范的社会组织优先承接政府转移职能和服务项目。搭建区域化党建平台，推行机关企事业单位与乡镇（街道）、村（社区）党组织联建共建，组织党员、干部下沉参与基层治理、有效服务群众。

第二，推动"三治融合"。一方面，推进基层治理法治建设。提升基层党员、干部法治素养，引导群众积极参与、依法支持和配

[①]《中共中央国务院关于做好 2023 年全面推进乡村振兴重点工作的意见》，《人民日报》2023 年 2 月 14 日。

合基层治理。完善基层公共法律服务体系，加强和规范村（居）法律顾问工作。乡镇（街道）指导村（社区）依法制定村规民约、居民公约，健全备案和履行机制，确保符合法律法规和公序良俗。

另一方面，加强思想道德建设。培育践行社会主义核心价值观，推动习近平新时代中国特色社会主义思想进社区、进农村、进家庭。健全村（社区）道德评议机制，开展道德模范评选表彰活动，注重发挥家庭家教家风在基层治理中的重要作用。组织开展科学常识、卫生防疫知识、应急知识普及和诚信宣传教育，深入开展爱国卫生运动，遏制各类陈规陋习，抵制封建迷信活动。

此外，抓紧抓好村规民约的制定和落实情况。村规民约是村民进行自我管理、自我服务、自我教育、自我监督的行为规范，是引导基层群众践行社会主义核心价值观的有效途径，是健全和创新党组织领导下自治、法治、德治相结合的现代基层社会治理机制的重要形式。村规民约要坚持问题导向，尤其要针对滥办酒席、天价彩礼、薄养厚葬、攀比炫富、铺张浪费、"等靠要"、懒汉行为，家庭暴力、拒绝赡养老人、侵犯妇女特别是出嫁、离婚、丧偶女性合法权益，涉黑涉恶、"黄赌毒"等突出问题，提出有针对性的抵制和约束内容。村规民约的制定要经过规定程序。要加强对村规民约落实情况的督促检查。

第三，加强村民委员会规范化建设。村民委员会是村民自我管理、自我教育、自我服务的基层群众性自治组织，实行民主选举、民主决策、民主管理、民主监督。村民委员会办理本村的公共事务和公益事业，调解民间纠纷，协助维护社会治安，向人民政府反映村民的意见、要求和提出建议。村民委员会向村民会议、村民代表会议负责并报告工作。

村民委员会规范化建设的要点是：坚持党组织领导基层群众性

自治组织的制度，建立基层群众性自治组织法人备案制度，加强集体资产管理。规范撤销村民委员会改设社区居民委员会的条件和程序，合理确定村（社区）规模，不盲目求大。发挥村（居）民委员会下设的人民调解、治安保卫、公共卫生等委员会作用，村民委员会应设妇女和儿童工作等委员会，社区居民委员会可增设环境和物业管理等委员会，并做好相关工作。完善村（居）民委员会成员履职承诺和述职制度。①

（三）加强社会治理，促进和谐稳定

加强乡村社会治理的目的在于建设充满活力、和谐有序的乡村社会，不断增强广大农民的获得感、幸福感、安全感。加强乡村社会治理的出路在于完善党委领导、政府负责、民主协商、社会协同、公众参与、法治保障、科技支撑的社会治理体系，打造共建共治共享的社会治理格局，尤其要引领和推动社会力量参与社会治理，建设人人有责、人人尽责、人人享有的社会治理共同体，确保社会治理过程人民参与、成效人民评判、成果人民共享。重点工作大致如下：

第一，确保社会稳定和谐。一方面，健全乡村矛盾纠纷调处化解机制。坚持发展新时代"枫桥经验"，做到"小事不出村、大事不出乡"。健全人民调解员队伍，加强人民调解工作。完善调解、仲裁、行政裁决、行政复议、诉讼等有机衔接、相互协调的多元化纠纷解决机制。发挥信息化支撑作用，探索建立"互联网＋网格管理"服务管理模式，提升乡村治理智能化、精细化、专业化水

① 《中共中央国务院关于加强基层治理体系和治理能力现代化建设的意见》，《人民日报》2021 年 7 月 12 日。

平。强化乡村信息资源互联互通，完善信息收集、处置、反馈工作机制和联动机制。广泛开展平安教育和社会心理健康服务、婚姻家庭指导服务。推动法院跨域立案系统、检察服务平台、公安综合窗口、人民调解组织延伸至基层，提高响应群众诉求和为民服务能力水平。

另一方面，加强平安乡村建设。推进农村社会治安防控体系建设，落实平安建设领导责任制，加强基础性制度、设施、平台建设。加强农村警务工作，大力推行"一村一辅警"机制，扎实开展智慧农村警务室建设。加强对社区矫正对象、刑满释放人员等特殊人群的服务管理。深入推进扫黑除恶专项斗争，健全防范打击长效机制。加强农民群众拒毒防毒宣传教育，依法打击整治毒品违法犯罪活动。依法加大对农村非法宗教活动、邪教活动打击力度，制止利用宗教、邪教干预农村公共事务，大力整治农村乱建宗教活动场所、滥塑宗教造像。推进农村地区技防系统建设，加强公共安全视频监控建设联网应用工作。健全农村公共安全体系，强化农村安全生产、防灾减灾救灾、食品、药品、交通、消防等安全管理责任。

第二，提高公共服务精准性、高效性。一方面，优化村庄公共服务格局。市、县级政府要规范村（社区）公共服务和代办政务服务事项，由基层党组织主导整合资源为群众提供服务。推进城乡社区综合服务设施建设，依托其开展就业、养老、医疗、托幼等服务，加强对困难群体和特殊人群关爱照护，做好传染病、慢性病防控等工作。加强综合服务、兜底服务能力建设。完善支持社区服务业发展政策，采取项目示范等方式，实施政府购买社区服务，鼓励社区服务机构与市场主体、社会力量合作。开展"新时代新社区新生活"服务质量提升活动，推进社区服务标准化。

另一方面，统筹基层党组织和群团组织资源配置，支持群团组织承担公共服务职能。培育扶持基层公益性、服务性、互助性社会组织。支持党组织健全、管理规范的社会组织优先承接政府转移职能和服务项目。

第三，发展公益事业。完善社会力量参与基层治理激励政策，创新社区与社会组织、社会工作者、社区志愿者、社会慈善资源的联动机制，支持建立乡镇（街道）购买社会工作服务机制和设立社区基金会等协作载体，吸纳社会力量参加基层应急救援。完善基层志愿服务制度，大力开展邻里互助服务和互动交流活动，更好满足群众需求。

（四）发展乡村民主，增强发展活力

中国共产党高度重视农村社会主义民主政治建设工作，提出明确建设目标："完善基层民主制度，深化村民自治实践，健全村党组织领导的充满活力的村民自治机制，丰富基层民主协商形式，保证农民依法实行民主选举、民主协商、民主决策、民主管理、民主监督。"①

党的二十大作出积极发展基层民主的决策部署，指出基层民主是全过程人民民主的重要体现，强调要"健全基层党组织领导的基层群众自治机制，加强基层组织建设，完善基层直接民主制度体系和工作体系，增强城乡社区群众自我管理、自我服务、自我教育、自我监督的实效。完善办事公开制度，拓宽基层各类群体有序参与基层治理渠道，保障人民依法管理基层公共事务和公益事业"。

---

① 《中共中央印发〈中国共产党农村工作条例〉》，《人民日报》2019年9月2日。

现阶段主要抓好以下重点工作：

第一，规范民主选举。重点是规范村民委员会换届选举。强化党组织领导把关作用，规范村（居）民委员会换届选举，全面落实村（社区）"两委"班子成员资格联审机制，坚决防止政治上的两面人，受过刑事处罚、存在"村霸"和涉黑涉恶及涉及宗族恶势力等问题人员，非法宗教与邪教的组织者、实施者、参与者等进入村（社区）"两委"班子。

第二，积极发展民主协商。聚焦群众关心的民生实事和重要事项，定期开展民主协商。基层政府及其派出机关、村（社区）党组织、村（居）民委员会、村（居）务监督委员会、村（居）民小组、驻村（社区）单位、社区社会组织、业主委员会、农村集体经济组织、农民合作组织、物业服务企业和当地户籍居民、非户籍居民代表以及其他利益相关方可以作为协商主体。涉及行政村、社区公共事务和居民切身利益的事项，由村（社区）党组织、村（居）民委员会牵头，组织利益相关方进行协商。涉及两个以上行政村、社区的重要事项，单靠某一村（社区）无法开展协商时，由乡镇、街道党委（党工委）牵头组织开展协商。人口较多的自然村、村民小组，在村党组织的领导下组织居民进行协商。专业性、技术性较强的事项，可以邀请相关专家学者、专业技术人员、第三方机构等进行论证评估。协商中应当重视吸纳威望高、办事公道的老党员、老干部、群众代表，党代表、人大代表、政协委员，以及基层群团组织负责人、社会工作者参与。

第三，全面落实"四议两公开"。完善党务、村务、财务公开制度，及时公开权力事项，接受群众监督。强化基层纪检监察组织与村（居）务监督委员会的沟通协作、有效衔接，形成监督合力。重点要健全村级重要事项、重大问题由村党组织研究讨论机制，全面落实"四议两公开",真正做到农村所有村级重大事项都必须在村党组织领导下,按照党支部会提议、"两委"会商议、党员大会审议、村民代表会议或村民会议决议的程序决策实施,并实行决议公开和实施结果公开。

第二章
驻村帮扶与乡村治理

中共中央办公厅印发的《关于向重点乡村持续选派驻村第一书记和工作队的意见》中明确提出驻村帮扶的任务是建强村党组织、推进强村富民、提升治理水平和为民办事服务。这4项任务既是驻村帮扶的任务，也是乡村振兴的目标，需要乡镇政府和村"两委"共同努力。那么在这个过程中，驻村帮扶的独特作用在哪里，特别是在提升治理水平中，驻村帮扶要如何去做？

　　驻村帮扶既是锦上添花，也是雪中送炭。锦上添花是说大多数村庄的乡村治理可以依靠当地的政府、村"两委"和群众的参与，实现治理有效的目标，在此基础上，驻村帮扶可以进一步提升治理效果；还有一些村庄需要引入外力才能实现治理有效，特别那些有着特殊社会治理需求的村庄，如脱贫村、易地搬迁村、乡村振兴任务重的村，以及党组织软弱涣散村；此外，还有一些特殊村庄，如边境省份的抵边村、红色资源丰富村等。这些村庄具有特定的治理需求，也有一些特殊的短板，是驻村帮扶覆盖的主要村庄，这些村庄仅仅依靠常规的治理体系难以实现治理有效的目标，无法提供群众满意的服务，因此需要驻村帮扶参与乡村治理。要实现治理有效需要驻村帮扶发挥其优势，满足乡村治理的特殊需求。驻村帮扶要发挥作用就需要明确治理任务，创新治理手段，总结治理经验，避免工作中的失误。

一、驻村帮扶的产生与发展

农业是立国之本，强国之基。我们党历来高度重视农业农村问题，从 2004 年开始连续发布了多个中央一号文件，部署"三农"工作。作为推动农村发展的重要抓手，许多地区都采取向乡村派驻第一书记或驻村工作队的措施，以提升村级领导能力，促进农村发展。典型的如福建南平早在 2000 年前后就向贫困村派驻特派员和第一书记[①]；安徽在精准扶贫之前已经向贫困村派出了 4 批第一书记；广西则在实施精准扶贫之前从不同渠道向农村派出了多支工作队以改变农村落后面貌，人数最多时达到 8 万人；陕西则在"两包一联"的基础上，由组织部和扶贫办向贫困村派出驻村帮扶。

2013 年年底，习近平总书记在湖南首次提出"精准扶贫"理念，随后中共中央办公厅、国务院办公厅印发《关于创新机制扎实推进农村扶贫开发工作的意见》，明确提出："健全干部驻村帮扶机制。在各省（自治区、直辖市）现有工作基础上，普遍建立驻村工作队（组）制度。可分期分批安排，确保每个贫困村都有驻村工作

[①] 时任福建省省长的习近平同志高度评价了向农村派驻帮扶干部的南平经验，指出"选派干部到农村基层工作，是解决现阶段农村工作难题的有效措施"，"南平市通过选派机关干部到农村基层工作，加强了农村基层组织对农村经济和社会发展的领导……将党的路线方针政策落实到了农村工作的关键环节，落实到了群众的心坎上，许多农村工作的难题也就迎刃而解了。"（参见习近平：《努力创新农村工作机制——福建省南平市向农村选派干部的调查与思考》，《求是》2002 年第 16 期。）

队（组），每个贫困户都有帮扶责任人。"① 随后全国各地开始大规模向贫困村派驻驻村帮扶工作队和第一书记，驻村帮扶的力量不断增强。从 2013 年到 2020 年，驻村帮扶的工作队数量从不足 10 万支增加到超过 25 万支，驻村工作队员的数量从 30 万多人增加到将近 90 万人，第一书记的数量也从 5 万多人增加到超过 23 万人。

在精准扶贫的 8 年中，驻村帮扶从广泛覆盖到精准帮扶，其派驻方式、管理机制和目标责任都不断完善。大体上来说，驻村帮扶经历了从广泛派驻到精准派驻、从粗放管理到精细管理，驻村帮扶工作队也从被动派驻到主动发挥作用的过程。驻村帮扶经历了 4 个阶段：

第一阶段，2013—2015 年：推动全覆盖的驻村帮扶。大规模向贫困村派驻驻村帮扶干部开始于 2012 年，2013 年年底，全国在岗驻村工作队 9.8 万支，在岗驻村帮扶干部 31.9 万人。中共中央办公厅、国务院办公厅《关于创新机制扎实推进农村扶贫开发工作的意见》印发以后，各地按照中央要求，加大贫困村驻村工作队选派力度，到 2015 年 7 月，实现了每个贫困村都有第一书记和驻村工作队。

第二阶段，2015—2017 年：完善制度建设，提升帮扶效果。自 2015 年实现贫困村驻村帮扶全覆盖以后，重点转向解决部分选人不优、管理不严、作风不实、保障不力等问题。针对这些问题，2017 年，中共中央办公厅、国务院办公厅印发《关于加强贫困村驻村工作队选派管理工作的指导意见》，要求驻村工作队一般不少于 3 人，每期驻村时间不少于 2 年，干部驻村期间党组织关系转到村里、不承担原单位工作，脱贫攻坚期内，所有驻村工作队不得撤离，帮扶

① 参见中共中央办公厅、国务院办公厅《关于创新机制扎实推进农村扶贫开发工作的意见》，2014 年 1 月。国务院原扶贫办主任范小建在回忆这一文件起草过程时曾说，在看到西藏驻村工作队在维持社会稳定和促进农牧区发展的作用以后将驻村帮扶写入六项机制创新中。

力度不能减弱。驻村工作队选派机关强化了扶贫意识，将能力强的干部派驻到扶贫第一线，绝大多数贫困村第一书记、驻村工作队队长都是由科处级干部或后备干部担任。

第三阶段，2017—2018年：加强培训，提升能力。为了提升驻村帮扶干部的能力，解决部分干部缺乏基层工作经验，对扶贫工作不熟悉的问题，各级党委政府加强了对驻村帮扶干部的培训。2018年4月，国务院扶贫办会同中央组织部出台《关于聚焦打好精准脱贫攻坚战加强干部教育培训的意见》，指导各地加强驻村帮扶干部教育培训。通过大规模的培训，解决了驻村帮扶干部想干不会干的问题。

第四阶段，2018—2020年：稳定队伍，高质量完成脱贫攻坚任务。2019年到2020年是脱贫攻坚最后时期，贫困县贫困村纷纷摘帽，越来越多贫困户出列，在这种形势下，为了解决"松劲懈怠、精力转移"等问题，国务院扶贫办严格落实摘帽不摘帮扶要求，保持驻村队伍稳定。尤其在2020年，面对新冠疫情防控和脱贫攻坚收官的新形势新任务，国务院扶贫办印发《关于积极应对新冠肺炎疫情影响切实做好驻村帮扶工作的通知》，要求全国驻村队伍思想稳定、人员稳定、工作稳定。

驻村帮扶打通了精准扶贫的"最后一公里"，为脱贫攻坚提供了重要的人才保障。驻村帮扶不仅在精准扶贫时期具有重要意义，而且在巩固拓展脱贫攻坚成果、实施全面乡村振兴战略上也具有不可替代的作用。早在2019年年初，习近平总书记就提出贫困县在摘帽以后要做到"四个不摘"，其中就包括摘帽不摘帮扶。在实现精准扶贫目标以后，中共中央办公厅印发《关于向重点乡村持续选派驻村第一书记和工作队的意见》，对全面实施乡村振兴战略时期的驻村帮扶作出部署，强调健全常态化驻村工作机制，为全面推进乡村振兴、巩固拓展脱贫攻坚成果提供坚强组织保证；明确指出对脱贫村、易地扶贫搬迁安置村（社区），继续选派第一书记和工作队，将乡村振兴重点帮扶县的脱贫村作为重点，加大选派力度。将建强村党组织、推进强村富民、提升治理水平、为民办事服务作为第一书记和工作队的主要职责任务。

二、驻村帮扶的乡村治理任务

《关于向重点乡村持续选派驻村第一书记和工作队的意见》中针对驻村帮扶的工作强调，"推动第一书记和工作队员用心用情用力驻村干好工作，注意处理好加强外部帮扶与激发内生动力的关系，形成整体合力"。帮扶和激发内生动力就成为驻村帮扶的主要任务。

（一）直面问题，补短板，加强帮扶

需要驻村帮扶的村庄在发展中大多遇到了若干困难，存在着治理短板，加强和改进乡村治理首先要弥补原来乡村治理的短板和弱项，从而提升乡村治理的效能。这些短板和弱项主要表现在以下几个方面。

1. 人才匮乏

人才是乡村治理中的首要因素，提升和改进乡村治理首先要有人，特别是有知识、有干劲的中青年；其次人才要被放对位置，能够发挥作用。现在一些村庄恰恰在这两个方面存在问题，由于村庄缺乏吸引力，乡村的人才外流严重，造成村庄的空心化和老龄化，出现了人才的绝对匮乏，村庄没有人才可用；另外一些村庄的权力被少数人把持，村内的人才得不到利用，造成表面上的人才匮乏，实际上反映的恰恰是乡村治理不透明、不民主所造成的压制人才。要改变这种现状，驻村帮扶就要在人才方面补短板。

驻村帮扶干部可以利用自己的优势协助村"两委"干部完成他们难以完成的工作，如规划、报告、调研等，但是驻村帮扶干部毕竟不是村庄的正式干部，不可能长期驻扎在村，因此驻村帮扶弥补乡村人才不足不仅需要自身承担，还要聚人才、选人才和培育人才。聚人才就是要通过周密的工作，创造条件让那些有意愿回村工作的人才能够通过各种方式回来；选人才就是在村内建立公开民主的人才选拔机制，让那些有能力也愿意为群众服务的人才能够有机会参与乡村治理，打破少数人垄断村庄权力的格局；培育人才则要有意识地发现村庄可以培养的人才，打开他们的视野，让他们有机会成长起来。总之，驻村帮扶要把人才帮扶放到重要的位置。

2. 组织不健全

传统的农民被看作一盘散沙，没有被充分组织起来，也就无从实现治理有效。组织振兴是治理有效的关键，一些村庄组织涣散、软弱的现象仍然存在，这是乡村治理的最大困难。组织不健全表现在两个方面，一是现有的村级组织，特别是村"两委"软弱涣散，不能为群众提供服务，难以带领群众实现强村富民的目标。二是村民一盘散沙，没有被充分组织起来，无法形成强有力的集体。在这样的村庄，驻村帮扶的重要任务就是提升组织水平，一要加强基层党组织建设，把优秀的人才吸引到党组织中来，提升党组织在群众中的威信；选好带头人，让村党组织和村民委员会能够真正为群众做实事。二要把青年组织、妇女组织、老年组织，以及各种经济组织的积极性调动起来，将村民组织起来，共同应对生产生活中的各种困难。

3.缺乏制度和规则

一些村庄缺乏制度和规则，导致乡村生活无法正常进行。缺乏制度和规则有3种表现：一是少数村庄被黑恶势力把持，群众利益受到损害，敢怒不敢言；二是村"两委"缺乏民主决策机制，决策过程缺少公开透明，群众难以参与，造成干群矛盾，村庄公共事务难以正常进行；三是村里矛盾纠纷不断，村庄不仅缺乏有形的村规民约制约，也缺乏无形的道德、规范约束。这类村庄往往发展缓慢，开展工作困难，单纯依靠村庄自身难以实现治理有效。政府的发展项目也难以进入，因为各种项目进村都可能带来更多矛盾，使得项目难以完成。久而久之，这些村庄就成为乡村振兴的难点。在这些村庄特别需要建章立制，铲除黑恶势力的影响，建立科学民主的决策机制，让村民有机会参与村庄公共事务的决策；通过村规民约的完善，在村里建立社会秩序，减少矛盾纠纷；通过宣传教育，推动村庄道德水平的提高，让社会主义核心价值观能在基层落地，产生积极影响。

（二）激发内生动力

驻村帮扶不仅要针对村庄当前存在的问题采取有效的措施加以解决，更重要的是谋划村庄的长远发展，激发村庄的内生动力。内生动力要提升村民的信心，加强能力建设，完善村庄发展的社会经济环境。如果驻村帮扶的治理效果不能转化为内生动力，村庄的善治就没有持续性，当驻村帮扶结束以后，其治理机制也就会受到影响。要激发内生动力需要完善村庄治理机制，加强道德和能力建设，同时要为乡村治理建立良好的环境。激发内生动力需要在以下几个方面下力气。

1.完善村庄治理机制，提升村民的信心

激发内生动力要推动乡村治理的各相关利益群体能够合作共赢，实现多中心的治理机制。村民参与村庄事务决策要有能力、有机制、有效果。有能力就是让农民了解村庄事务的决策过程，合理使用自己的民主权利；有机制是让农民有发表意见的机会和渠道；有效果则是让农民看到自己的合理意见被采纳，产生了预期效果。有一支热心为群众服务的党员干部队伍是激发内生动力的关键，比如，一些村庄在发挥党员作用的基础上，形成了以党员为核心的网格，通过网格中的党员，村民的需求被传达，农民所关心的问题得到有效解决，党员成为村民参与治理的渠道；而在村级层面打造一支以村党组织为核心的干部队伍，谋划村庄发展，构建出干部、党员、村民协商共治的格局，乡村治理的内生动力也就形成了。坚持发展新时代"枫桥经验"，做到"小事不出村、大事不出乡"就是在激发村庄的内生动力，通过村庄内部的自我调节机制，解决村民之间的矛盾纠纷，实现乡村的自治。

2.加强道德和能力建设，形成村庄自我约束和自我发展的机制

村庄可持续发展的核心在于软环境的建设，包括道德和能力建设，这不仅要加强村"两委"和村干部的道德和能力建设，更要突出村民的道德和能力建设。教育是提升能力的有效手段，比如一些村庄加强了乡村的教育，不仅有针对党员干部的"三会一课"制度，而且有针对村民的教育活动。在村民教育中，不仅有农业生产的技术知识，也包括中华传统美德、村庄光荣传统的教育，这些教育潜

移默化地改变了村民的行为。随着对农民教育的加强，村庄内部的矛盾纠纷大幅减少，道德水平提高，比如一些村庄不孝敬老人的现象不再发生。在建立村庄社会秩序、树立良好村风的同时还要提升乡村治理能力，也就是从人才和制度两个方面入手，形成制度管人，能人带动，共同参与的治理格局。

3. 改善村庄发展和治理的环境

改善村庄治理环境包括村内、村外两个部分。对内要建立良好的制度环境，对外则要建立良好的社会联系。乡村治理的经验表明，以落实乡规民约为动力，以积分制和清单制为手段，驻村帮扶有效地促进乡村建立良好的秩序，使各项工作有章可循，各项事务有人负责，不仅提升了乡村的治理水平，也促进了乡村的经济发展。同时驻村帮扶也可以发挥优势，为乡村治理建立良好的外部治理环境。比如一些驻村帮扶干部结合定点帮扶，使被帮扶村庄与相关部门建立长期的党组织共建关系，乡村为政府部门的党建提供基地，而政府部门的党组织也长期影响和帮扶村庄，实现长期互动，共同进步。

三、驻村帮扶的乡村治理措施

驻村帮扶要密切与基层政府和村"两委"配合，相互支持，取长补短；同时要深入群众，做群众的贴心人；发挥驻村帮扶的优势，链接外部资源。

（一）发挥帮扶作用，配合基层政府和村"两委"工作

《关于向重点乡村持续选派驻村第一书记和工作队的意见》中提出，驻村帮扶要找准职责定位，充分发挥支持和帮助作用，与村"两委"共同做好各项工作，切实做到遇事共商、问题共解、责任共担，特别是面对矛盾问题不回避、不退缩，主动上前、担当作为，同时注意调动村"两委"的积极性、主动性、创造性，做到帮办不代替、到位不越位。驻村帮扶要找准定位，才能更加明确自己的任务和职责，做到与村"两委"相互配合，帮扶村"两委"开展工作。

首先，派驻驻村帮扶的村庄大多存在着某些治理的短板，在这种情况下，第一书记和驻村帮扶干部要能够主动承担提升乡村治理水平的责任，发挥主动性，解决长期困扰乡村治理的问题。比如少数村庄党组织不健全，缺少能够带动群众的领导，那么驻村帮扶就要主动承担重任，担负起领导村民的责任。这种情况就不是越位，而是主动补位。

其次，明确帮扶的定位，在村庄治理中，村"两委"发挥着主要作用，凡是在村"两委"能够正常发挥作用的村庄，都要尊重村"两委"的工作，发挥自己的特长，积极配合村"两委"工作。在一些村庄，我们看到来自政法部门的驻村帮扶干部积极配合法治村庄的建设，通过普法宣传，增强村民的法治意识。来自宣传部门的驻村帮扶干部，积极参与村庄治理的经验总结。

在配合乡镇党委政府和村"两委"开展工作中，驻村帮扶要发挥两个优势，凸显驻村帮扶的作用。一是能力优势。由于驻村帮扶干部普遍受教育水平比较高，对政策领会得比较深，在能力和知识上具有优势，能够解决一些原来乡镇党委政府和村"两委"干部难以解决的困难。二是客观中立的立场。长期生活在乡村的农民有着不同的利益诉求以及一些固有的矛盾，有些矛盾是长期形成的，围绕着不同的利益也会形成不同的团体，如家族之间、姓氏之间，这些都会对乡村治理产生影响。作为外来的驻村帮扶干部，保持客观公正的立场有助于更好地发挥作用。

驻村帮扶干部在配合乡镇党委政府和村"两委"工作的同时，要注意避免两种倾向：一种倾向是放弃独立性，简单地从事事务性工作，弱化了驻村帮扶的作用；另一种倾向是与乡镇党委政府和村"两委"缺乏配合，各搞一套，无法在工作中形成合力。

（二）善于学习，深入群众

乡村事务是具体且复杂的，外来的干部很难在短时间内了解乡村的真实情况，也难以很快掌握在乡村开展工作的方法，这就需要深入村民，了解乡村的真实情况和村民的真实需求，虚心向有经验的乡村干部求教，避免不顾当地条件的蛮干。

第一，与城市不同，乡村有大量的乡土习惯、乡土知识和乡土人才，只有了解这些习惯、知识和人才，才能有效开展乡村工作。乡土的文化习惯是在长期历史发展过程中逐渐形成的，需要加以保护和尊重，比如祖先崇拜在许多地方的表现会有所不同，只有深入群众才能了解，不了解这些习惯，就容易造成与农民的冲突，出现好心办坏事的可能；乡村也有很多长期以来形成的知识，特别是在农业生产和日常生活方面，有许多知识可能并不为外人所了解，但是在当地非常有效，这就需要加以尊重。乡村的人才也不仅仅是村干部，有一些人才和德高望重的人也受到村民尊重，发挥这些人的积极性可以有效提高乡村治理的水平。

要了解这些地方知识，熟悉这些人才，就需要深入调查，需要驻村帮扶干部走村串户，跟农民交朋友，取得农民的信任，先做学生，后做先生。驻村帮扶干部要深入群众，尽快与群众熟悉起来，从外来的干部变成熟知村内事务的人。

第二，要了解农民的真实需求，采取适当的方式解决乡村问题。乡村生活是具体的，存在着许多矛盾和利益冲突，一些传统的因素，如家族、姓氏等，都会影响村庄内部的关系，对乡村治理产生深刻的影响。如果不了解乡村具体的利益格局和村民之间的相互关系，就难以推进乡村治理。习近平总书记多次强调要将矛盾化解在基层，要想将矛盾化解在基层就需要了解乡村中错综复杂的关系，只有了解农民的真实需求，才能真正地化解而不是激化矛盾。

那些基层党组织软弱涣散的村庄，往往也是矛盾冲突较多的村庄，也是急需提升乡村治理能力、完善乡村治理机制的村庄，而提升村庄治理水平就需要驻村帮扶干部深入乡村，掌握村庄的情况，了解农民真实的要求，采取有针对性的措施。

第三，要善于向有经验的农村干部学习。农村工作有其特点，与其他的工作不同，比如许多农民可能更希望看到实际效果而不是单纯地讲道理；生活在熟人社会的农民可能更依赖人际关系；在市场中吃过苦头的农民可能承担市场风险的能力更弱。要有效开展农村工作，就需要具有农村工作经验。许多乡村干部在农村工作多年，有丰富的农村工作经验，驻村帮扶干部要向他们学习，提高乡村工作的能力。现在有些区域开始为驻村帮扶干部配备农村干部作为导师，这种方式对于快速提升驻村帮扶干部的工作能力有很大帮助。

（三）链接外部资源

驻村帮扶干部进入乡村以后，不管是农民还是村"两委"干部都希望外来的干部能够带来一些新的资源，这些资源可能是资金，也可能是项目，或者新的发展理念，总之要有新的资源进入。这些资源可能来自帮扶机构，驻村帮扶单位会为村里安排一些资源，也会帮助村里发现一些新的出路，比如为村里募些捐款，购买一些村里的产品；也有资源是来自政府相关部门，需要驻村帮扶干部参与规划和申报，争取项目支持；除此之外，还有许多驻村帮扶干部帮助村里解决一些困难，有的帮助村民解决看病住院问题，有的帮助村民解决孩子上学的问题。总之，驻村帮扶干部在进入乡村以后，要动员更多的资源开展工作。

现在许多地区为驻村帮扶干部专门配备了每年 2 万—7 万元不等的帮扶经费，也有的地区建立了从数万元到数十万元不等的帮扶基金，这些为驻村帮扶干部在乡村开展工作提供了重要的支持。

许多村庄经过驻村帮扶发生了巨大的变化，而其变化的主要原因就在于新的资源导入。

一是新的观念。比如法治观念、村民民主参与的观念、尊重市场规律的观念等，这些观念在有些村庄是比较弱的，而驻村帮扶干部通过宣传和项目引导，将新的理念带进来。

二是新的资源。通过吸引外来资助和产业发展，村庄有了更强的经济实力，从而能够更好地为村民服务，带动形成了新的乡村治理格局。

驻村帮扶通过引入市场主体，培育农民组织，促进了村庄开放。打破村庄的封闭状态是促进乡村实现有效治理的重要途径，因为开放的村庄更有利于现代化治理机制的建立和运行。

四、解决乡村治理的困难问题

　　驻村帮扶在乡村振兴中发挥着多重作用，产业帮扶最容易见成效，而乡村治理难度较大，且不容易见成效，正是因为提升乡村治理的难度较大，因此更应该重视乡村治理工作。

　　乡村治理工作之所以难，首先，乡村治理必然要触动乡村的利益关系，让那些没有能力的干部退下来，把能干的人推举出来，建设公正廉洁的干部队伍，必然会改变原有的利益格局。同样，许多矛盾纠纷的解决也会改变原有的利益结构，所以乡村治理工作的难度较大。其次，乡村治理要建立新的机制，比如要保持村庄的生态环境宜居就要实施环境治理，而环境治理对于许多乡村来说是全新的内容。易地搬迁村庄的村民大多并非来自同一个村庄，而且搬迁到城镇周边以后也要按照城镇社区进行管理，这些都是村民过去不曾遇到的问题。最后，许多治理措施的持续性难以保持，比如积分制，开始可能还比较吸引群众，但是随着时间的推移，村民的热情会逐渐淡化，其影响也就日益减弱。同样，在驻村帮扶干部的支持下，有些村庄建立了公开透明的制度，但是如果没有了外来干部的支持，这些制度是否能够得到保持，存在很大不确定性。

　　在推进乡村治理体系和治理能力现代化中，驻村帮扶要建立良好的乡村治理机制，培育良好的家风乡风，推动乡村治理能力提升。

（一）建立良好的乡村治理机制

传统的乡村治理存在的一个主要问题是人治色彩过于厚重，其中一个表现是权力掌握在少数精英手中，个别乡村领袖权大于法，一言九鼎，在乡村治理中缺乏民主机制；另一个表现是家族、姓氏等因素影响村庄政治，不同的村民因为姓氏和家族原因出现权利不平衡的现象，一些有权势的家族左右了村庄的公共事务。在这种背景下，乡村治理缺少公开透明和参与的机制，村民更缺少了解村庄公共事务信息的渠道，也缺少参与村庄公共事务决策的机制。在这类村庄中，建立民主参与、公开透明的治理机制就非常重要。

党的十八大以来，各地进行了积极探索，总结出许多好的经验，建立了许多有效的乡村治理机制。如清单制，就是通过责任清单，清晰地规定村干部的权利和责任，规定行使权力和承担责任的程序。小微权力是距离群众最近的权力，对群众的生产生活有重要的影响，通过制度把小微权力关进笼子，减少乡村治理中的人治色彩。建立集体的决策机制，在村庄规模较小且人员流动较少的村庄，要特别发挥村民大会的作用，而在村庄人口较多且人口流动性较大的村庄，要充分利用村民代表会议机制。有些村庄常住人口较少，为了便于决策，建立村民议事会制度。所有这些制度都加强了村民的参与，增加了村民参与的渠道。决策的公开和透明是保障村民民主权利的重要机制，重大决策向村民公布在许多村庄已经成为制度，特别是网络时代的到来使信息的公开透明更加便利。

驻村帮扶要在帮扶期间协助村庄建立完善的信息公开和村民参与的民主决策机制，这是提升乡村治理水平的重要工作。

（二）建立良好的家风乡风

那些发展缓慢、矛盾重重，需要驻村帮扶的村庄往往也是家风乡风问题比较严重的村庄。乡村本来是体现中国传统文化最为深厚的地方，但是随着社会变化，许多村庄的家风乡风开始出现问题，比如孝道文化的缺失导致老年人得不到应有的赡养；乡风日下，村庄因为各种利益而矛盾纠纷不断。乡村振兴不仅要促进乡村的经济增长，也要全方位提升村民的生活感受。没有良好的家风乡风，即使有较高的收入也不会让人幸福，更何况这些乡村经常因为紧张的人际关系而制约了经济发展。因此，树立良好的社会风气，完善乡村的道德治理机制，可以从根本上提升乡村的治理水平。

各地在家风乡风建设上做了许多探索，积累了丰富的经验。比如强化乡规民约。过去许多村庄制定了乡规民约，但是大多流于形式，没有真正发挥作用。一些村庄开始积极推动乡规民约落实，形成村民自我约束的规范；一些地区推行积分制，褒奖好的行为，批评不好的行为，通过积分的评定，提升村民的自觉性；一些地方开办了农民学校，通过有针对性的教育，传播中华优秀传统文化。

文化可以潜移默化地影响人们的行为，在乡村治理中发挥作用，而且这些作用一旦形成，就会有比较好的持续性。

（三）建立为民办事的机制

乡村治理的核心是提升为民服务的能力，但是一些村庄将为民服务的乡村治理当作行使权力的途径，忘记了乡村治理的本质。所以，要完善为民服务的机制，真正为村民提供更好的公共服务。借助于数字和信息化手段，现在已经出现了一些成熟的为民服务的经验，这些经验主要体现在能及时有效地回应村民的需求。比如，网格化管理，将干部和党员下沉网格，使党员干部能够近距离地为村民服务；信息化支撑，乡镇和村庄的干部通过信息技术，及时地回应村民的需求，解决村民的困难；精细化服务公共服务下沉基层，政府的服务功能向村庄延伸，这些措施都降低村民办事跑路的成本。

第三章
党建引领乡村治理

党的二十大提出，要坚持大抓基层的鲜明导向，抓党建促乡村振兴，推进以党建引领基层治理，持续整顿软弱涣散的基层党组织，把基层党组织建设成为有效实现党的领导的坚强战斗堡垒。习近平总书记强调："加强和改进乡村治理，要以保障和改善农村民生为优先方向，围绕让农民得到更好的组织引领、社会服务、民主参与，加快构建党组织领导的乡村治理体系。"① 办好农村的事情关键在党，关键在组织建设引领带动。走好新时代乡村治理之路，要始终坚持党的领导，以党的建设贯穿乡村治理全过程。驻村帮扶工作的重要内容，就是要不断帮助增强农村基层党组织的政治和组织功能，完善党领导下的乡村治理格局，扎实提高乡村治理效能。

---

① 习近平：《坚持把解决好"三农"问题作为全党工作重中之重 举全党全社会之力推动乡村振兴》，《求是》2022 年第 7 期。

一、基层党建与乡村治理

习近平总书记指出："要夯实乡村治理这个根基。采取切实有效措施，强化农村基层党组织领导作用。"[①] 农村基层党组织是党在农村全部工作和战斗力的基础，是乡村治理体系中的主心骨，是新时代加强和改进乡村治理、推动乡村治理现代化的核心领导力量。推进乡村治理，要把抓基层、打基础作为长远之计和固本之举，紧紧抓住基层党组织建设这个关键，使党建引领乡村治理的作用得到强化和巩固。

党的十九大提出，加强农村基层基础工作，健全自治、法治、德治相结合的乡村治理体系，确定了乡村治理的基本框架。2019年，中共中央办公厅、国务院办公厅印发《关于加强和改进乡村治理的指导意见》，提出按照实施乡村振兴战略的总体要求，坚持和加强党对乡村治理的集中统一领导，坚持把夯实基层基础作为固本之策，坚持把治理体系和治理能力建设作为主攻方向，坚持把保障和改善农村民生、促进农村和谐稳定作为根本目的，建立健全党委领导、政府负责、社会协同、公众参与、法治保障、科技支撑的现代乡村社会治理体制，以自治增活力、以法治强保障、以德治扬正气，健全党组织领导的自治、法治、德治相结合的乡村治理体系，构建共

[①] 中共中央文献研究院编：《习近平关于"三农"工作论述摘编》，中央文献出版社2019年版，第137页。

建共治共享的社会治理格局，走中国特色社会主义乡村善治之路，建设充满活力、和谐有序的乡村社会，不断增强广大农民的获得感、幸福感、安全感。

2021 年，《中共中央国务院关于加强基层治理体系和治理能力现代化建设的意见》指出，加强党的基层组织建设，健全基层治理党的领导体制。把抓基层、打基础作为长远之计和固本之举，把基层党组织建设成为领导基层治理的坚强战斗堡垒，使党建引领基层治理的作用得到强化和巩固。

党的二十大提出了建设宜居宜业和美乡村的目标，坚持大抓基层的鲜明导向，抓党建促乡村振兴，推进以党建引领基层治理，持续整顿软弱涣散基层党组织，把基层党组织建设成为有效实现党的领导的坚强战斗堡垒。

2023 年中央一号文件提出健全党组织领导的乡村治理体系，坚持以党建引领乡村治理，强化县乡村三级治理体系功能，压实县级责任，推动乡镇扩权赋能，夯实村级基础。

《国家乡村振兴局关于落实党中央国务院 2023 年全面推进乡村振兴重点工作部署的实施意见》中提出加强和改进乡村治理，强化农村基层党组织政治和组织功能。推动全面落实县级领导班子成员包乡走村、乡镇领导班子成员包村联户、村干部经常入户走访制度和"四议两公开"制度。深入推广务实管用的乡村治理方式。研究制定推进"党建＋网格化＋数字化"指导意见，通过典型引领、示范带动等方式，鼓励各地划分综合网格，在乡村治理中大力推进网格化管理、精细化服务、信息化支撑。引导地方拓展积分应用领域，创新积分载体平台，扩大积分制覆盖范围，调动农民参与村级公共事务的积极性。

习近平总书记强调："要全面培训提高村班子领导乡村振兴能

力，不断优化带头人队伍，派强用好驻村第一书记和工作队，注重选拔优秀年轻干部到农村基层锻炼成长，充分发挥农村党员先锋模范作用。"① 驻村工作的重要任务，就是要把农村基层党组织建设成为有效实现党的领导的坚强战斗堡垒，使农村基层党组织成为乡村治理的领导力量。

---

① 习近平：《加快建设农业强国　推进农业农村现代化》，《求是》2023 年第 6 期。

二、基层党建引领乡村治理

乡村治理需要多方力量的参与，基层党组织是乡村治理的核心，也是主体之一。要发挥好驻村工作队的功能，实现党组织对乡村治理的领导，首先要明确以基层党建引领基层治理的基本内容。

（一）完善党领导乡村治理的体制机制

党的二十大指出，健全共建共治共享的社会治理制度，提升社会治理效能。在乡村治理体系中，党的领导是核心，要将基层党组织的组织优势转化为治理效能，这是驻村帮扶干部做好乡村治理的根本。

一是驻村工作队要引导基层党组织发挥好核心作用，发挥农村基层党组织在乡村治理中的领导作用。驻村工作队要坚定不移地加强农村基层党组织建设，全面提升农村基层党组织的组织力、凝聚力、战斗力。旗帜鲜明地坚持和加强基层党组织对各类乡村组织的领导，健全党组织领导的乡村治理体系，驻村第一书记和工作队要把群众紧密团结在党的周围。引领基层自治组织、社会组织等力量有序参与乡村治理，形成乡村治理有效的治理组织结构和规范有效的治理秩序。完善村党组织领导乡村治理的体制机制，建立健全以基层党组织为领导，村民自治组织和村务监督组织为基础，集体经济组织和农民合作组织为纽带，其他经济社会组织为补充的村级组织体系。

二是驻村工作队要指导基层组织践行好群众路线，相信群众，依靠群众，提高乡村治理自治水平。村庄往往具有一定的自治传统，依存于特定的社会文化载体。驻村帮扶干部要善于发现村庄的这些资源，并在党组织的引导和规范下发挥好作用。健全党组织领导的村民自治机制，拓展村民参与村级公共事务平台，充分发挥村庄自治力量在公共事务和公益事业办理、民间纠纷调解、治安维护协助、社情民意通达等方面的作用。

三是驻村工作队要切实推动基层民主协商制度，发挥好基层社会的主动性和积极性，达成乡村治理中多元主体间的共识。驻村帮扶干部要与村"两委"一道，推进民主选举、民主协商、民主决策、民主管理、民主监督实践。健全村级议事协商制度，形成民事民议、民事民办、民事民管的多层次基层协商格局。针对村庄的实际情况，用好网络通信等多种灵活方式，引导好村民有序参与村庄公共事务的协商。

（二）以基层党建引领提升乡村治理能力

党的二十大指出："健全基层党组织领导的基层群众自治机制，加强基层组织建设，完善基层直接民主制度体系和工作体系，增强城乡社区群众自我管理、自我服务、自我教育、自我监督的实效。"驻村帮扶工作队在推动基层党建引领乡村治理中应以提升乡村治理能力为重点。

一是帮助强化基层组织的服务意识和服务能力，使乡村治理最终落实到人民群众的利益需求上，不断提高人民群众的获得感、幸福感和安全感。《中共中央国务院关于加强基层治理体系和治理能力现代化建设的意见》指出，乡镇要围绕全面推进乡村振兴、巩固拓展脱贫攻坚成果等任务，做好农业产业发展、人居环境建设及留守儿童、留守妇女、留守老人关爱服务等工作。尤其是在广大西部农村地区，人口外流明显，村庄自治能力减弱，驻村工作队要指导村党组织切实发挥好核心作用，做好"三留守"群体的服务工作。

二是帮助提升基层党组织的治理能力，让党组织及党员在乡村治理事务中发挥带头作用。驻村工作队要指导农村基层党组织，充分发挥党员在乡村治理中的先锋模范作用。组织党员在议事决策中宣传党的主张，执行党组织决定。组织开展党员联系农户、党员户挂牌、承诺践诺、设岗定责、志愿服务等活动，推动党员在乡村治理中带头示范，带动群众全面参与。密切党员与群众的联系，了解群众思想状况，帮助解决实际困难，加强对贫困人口、低保对象、留守儿童和妇女、老年人、残疾人、特困人员等人群的关爱服务。2023 年中央一号文件提出要对农村党员分批开展集中培训，驻村工作队要带领村"两委"干部熟悉村情，带头学习有关乡村治理的理论及政策，学习法律知识、矛盾调解知识等，补齐村庄治理的能力短板，使村干部懂治理、善治理。

三是帮助提升基层组织的协调能力，在乡村多种力量、多元利益的张力中凝聚共识。面对利益不断分化的乡村社会变迁新格局，驻村工作队要带领村"两委"及时妥善处理好村庄中的各种分歧与矛盾。坚持发展新时代"枫桥经验"，做到"小事不出村、大事不出乡"。积极探索"积分制""互联网＋网格管理"等治理形式，提升乡村治理智能化、精细化、专业化水平。

四是帮助以党建提升乡村民主协商能力。驻村帮扶干部要带领基层党组织推动基层民主协商制度建设，用好各种网络新媒体及社交软件等工具，让乡村的不同群体、组织和个人围绕村庄公共事务，在基层党组织的主持下，形成有序有效、广泛参与的议事机制，充分尊重和保障乡村治理中不同主体的表达及参与权利。

（三）以乡村治理助推乡村发展

治理有效是保障乡村有效发展的重要条件，驻村工作队要以乡村治理为突破口，形成乡村社会、文化、经济全方位发展的格局。

一是以治理助推乡村组织振兴。乡村中的各类自治、经济、文化、社会组织是落实乡村治理任务的主要载体，驻村工作队要带领农村基层党组织，通过乡村治理实践，发挥好这些乡村组织的作用，形成乡村多种组织力量共商共治共享的良好社会秩序。尤其是基层党组织，要在乡村治理中提升服务乡村的能力，提升组织领导水平，强化与群众的密切联系，成为乡村组织振兴的引领力量。

二是以治理助推文化振兴，形成文明乡风。驻村帮扶干部在推进乡村治理的过程中，要传承发展提升农村优秀传统文化，推动社会主义核心价值观融入文明公约、村规民约、家规家训，发挥红白理事会等组织在村庄移风易俗方面的作用。在驻村帮扶干部及村"两委"的带领下，通过乡村治理，村庄的公平公正得以维护，形成了充满活力、和谐有序的乡村社会。

三是以治理助推产业振兴。驻村帮扶干部及村"两委"要依托合作社、企业、农户等多种力量，推动乡村产业治理。通过治理达成发展共识，形成共同行动的能力，以此消除因土地流转、利益分配等阻碍乡村产业良性发展的因素，并保证发展的公平正义。以村庄自律互律的治理机制保证乡村产业的健康发展，向市场供应绿色健康的农产品，打牢乡村产业发展的社会基础。以合作共享的方式，在产业发展中形成技术、信息、市场等关键资源的公平分享机制和成本分担机制。

三、党建引领乡村治理的实践探索

乡村治理在乡村振兴中的作用越来越突出，基层党组织需要对乡村治理的诸多问题作出回应，目前基层党建在改进乡村治理中既存在一些问题，也面临一些挑战，但是一些地方的实践仍然提供了有价值的经验。

（一）以基层党建改进乡村治理的主要挑战

一是乡村变迁影响基层党组织治理功能发挥。习近平总书记深刻指出："目前，我国农村社会处于深刻变化和调整时期，出现了很多新情况新问题，虽然错综复杂，但归结起来就是一个'散'字。"[①] 大量村庄平时留在村里的多是老年人，以及部分妇女和儿童，这就导致了村庄治理事务难以有效开展。小村并大村后，新成立的村庄围绕村干部的选举、资源分配等因素产生了内部竞争，同时部分村干部对村庄的熟悉程度不够，使得治理难度加大。

二是基层党组织治理能力欠缺。部分村庄依然存在基层党组织老龄化等问题，年轻人不愿意加入党组织，或者年轻党员外出务工，不能发挥作用，造成村党组织治理功能的发挥受到极大限

---

① 习近平：《坚持把解决好"三农"问题作为全党工作重中之重　举全党全社会之力推动乡村振兴》，《求是》2022 年第 7 期。

制。脱贫攻坚期间治理任务的重要性相对较弱，贫困村首先是完成"五个一批""两不愁三保障"等"硬任务"，非贫困村的主要工作在于发展产业，对治理多较为陌生，在乡村振兴时期对乡村治理的经验和认识都面临不少难题。一些"一肩挑"村干部面临村情不太熟悉、威望不够、经验不足等问题，使得乡村治理难以有效覆盖整村。

三是对乡村治理的认识不足。在五大振兴中，基层党组织往往对产业发展等硬性任务关注较多，普遍以发展为导向，对乡村治理这一软性任务的重要性认识不足。基层党组织的日常工作更多是以政治理论学习、党的建设等为重点，少有开展与乡村治理相关的知识学习。造成基层党组织对乡村治理的内容、途径等认识不足，不懂得什么是治理、如何治理。

（二）以基层党建促进村民参与治理

为了克服村庄的"散"带来的治理困难，就需要通过基层党建促进村民积极参与乡村治理。比如，云南省贡山县独龙江乡在驻村工作队的带领下，通过不断深化基层党建来提升村庄的治理能力。独龙族是我国 28 个人口较少民族、云南省 9 个"直过民族"之一。由于自然条件恶劣，独龙族同胞长期居住分散，独龙江乡 6 个村 1142 户 4194 人分布在 1994 平方公里的范围内。所以，独龙江乡脱贫的一项重要工作就是搬迁集中居住。这一行动带来的不仅是居住空间的改变，也是对独龙族的社会关系、生活方式的重构，其社区的治理便成为一项重要工作。独龙江乡的驻村工作队和基层党组织在这一方面发挥了关键作用。

一是由党组织带领群众培养公共卫生观念和文明生活方式。从移民搬迁开始，驻村工作队就充分调动基层党组织的积极性，发挥好党员的带头作用，引导村民养成洗脸、刷牙、洗澡等现代生活方式，整理好家庭内务，保持好村民房屋内外卫生以及居民点的公共卫生，并通过"每日一晒"等活动，让党员和村民之间、村民与村民之间相互监督。

二是驻村工作队员创新形式，用群众喜闻乐见的方式带领村民营造社区公共生活。社区化居住后，广场等公共活动场所同时建设起来，为了利用好这一载体，驻村工作队员组织群众形成了"穿民服唱民歌跳民舞"的"广场舞"习惯，让群众"从火塘到广场"，走出家庭，积极参与并适应社区公共活动。

从社区公共活动出发，群众对社区事务的参与程度不断提升，对社区的认同感不断增强，无论是打扫卫生还是村庄建设发展项目的实施等其他事务，群众都愿意积极参与，发表自己的想法，由此增强了社区事务处理的公平性，群众的协商、合作能力也在此过程中建立起来。驻村工作队和村党组织也真正成为社区组织化的引领力量，带领村民管理村庄的公共事务。如今，在独龙江乡，面对自然灾害等突发事件，各村党组织都能迅速组织起力量进行抢险以及灾后清理等工作，极大地提升了村庄公共事务的治理能力。

（三）提升基层党组织治理能力

针对基层党组织治理能力不足的问题，贵州省普定县的第一书记服务团有效凝聚强大合力，助力乡村振兴，为实践提供了有益的参考。为了更好地发挥驻村工作中第一书记和驻村帮扶干部这支重要队伍的作用，做好脱贫攻坚与乡村振兴的衔接与拓展，

2021 年以来，普定县共选派 310 名乡村振兴第一书记和驻村帮扶干部，其中省直 16 人、市直 30 人、县直 147 人、乡镇（街道）117 人。服务团出于"抱团帮扶、信息共享、资源共享、成果共享"的理念，在所有乡镇设立 13 个服务分团，并在各分团下设优化服务组、乡村治理组、产业振兴组、政策宣传组，采取"1+4"工作法，即固定每周二根据服务团安排集中到一个村开展 1 天工作，其余 4 天由乡镇（街道）服务分团安排所驻村工作。

服务团聚焦基层治理，在指导帮扶、建章立制、事务管理、村民自治、普法教育、网格管理上用深功夫、下大力气，提升治理能力和水平。服务团实施"一人资源，全团共享""一村试点，择优推广"的帮扶模式。由于服务团的成员来自不同的部门，有的具有较强的村庄事务治理能力，因此，在共享机制的作用下，他们的经验可以在全县范围内快速地分享，其所在村庄的有效做法也在其他村庄进行了普及，这种帮扶模式提升了各个村庄基层组织的治理能力。

面对不同的村庄，除了日常的村民矛盾调处事务，驻村工作队更重要的是处理涉及乡村建设和产业发展的治理事务。首先就是村庄共识的问题。驻村工作队与村"两委"共同工作，调动党员的积极性，通过深入群众，以座谈会、带头示范、民主协商等多种形式，以充分的党群沟通，让群众理解村庄发展目标的合理性，在全村形成共识，培养共同行动的能力。当驻村帮扶干部通过服务团的机制获取了产业项目等资源时，如果需要土地流转、公共基础设施建设等支持条件，村庄的共识能力可以更快地满足这些条件，使得这些项目顺利落地；在项目的实施过程、项目收益的分配中，村庄的治理结构可以发挥更好的监督功能，从而保证村庄公共利益的公平正义和项目的可持续发展。

（四）凝聚基层党建引领乡村治理共识

由于东部地区经济社会发展水平相对较高，乡村治理的行动和理念往往走在了前列。江苏省如东县将农村基层党组织建设与乡村治理的全领域、各环节融合，通过组织融汇、队伍融合、服务融入、民心融通，强化基层党组织领导作用，凝聚基层党员群众，汇聚治理资源，推动构建党建引领、条块结合、上下协同、共治共享的乡村治理体系。将党的政治优势、组织优势转化为乡村治理优势，初步构建起共建共治共享的乡村治理新格局，成为驻村工作队可以认真学习借鉴的先进经验。

该县探索开展跨行业、跨地域、跨产业的党组织联建共建，推动各类党组织深度互动，汇聚共建共治共享合力。组织全县 25 个社区党组织与驻区单位、社会组织、新兴领域党组织成立"联合大党委"，通过签订共建协议、健全日常联系、召开联席会议、吸纳驻区单位党组织负责人担任兼职委员等形式，推动区域内大事难事要事共商共建、共享共治，完善"村（社区）党组织—网格党支部—微网格党小组—党员中心户"组织链条，推动党建网格与治理网格在组织架构和区域布局上无缝对接、全面融合。

把队伍建设作为乡村治理的关键支撑。推动驻村帮扶干部、村干部队伍、在职党员队伍、网格员队伍建设，着力打造"多员合一"的乡村治理骨干队伍。选优配强，选拔出引领能力强、带富能力强的"双强书记"，围绕"选、育、管、用"全链条，全面提升农村党组织带头人队伍整体素质，培养造就一支质量优良、引领乡村治理的"头雁"队伍。

突出发挥基层党组织功能，注重从服务入手抓治理，创新便民服务模式，以细"治"入微服务提升群众幸福指数、满意指数。建立健全社情疏导、民主协商、诉求回应 3 项机制，在解决"急难愁盼"问题中提升服务群众水平。

第四章
提升为农服务能力

中共中央办公厅印发的《关于向重点乡村持续选派驻村第一书记和工作队的意见》强调，为民服务是驻村帮扶工作的 4 个内容之一，核心宗旨是围绕保障和改善农村民生、开展"急难愁盼"帮扶工作、推动各类资源向基层下沉、落实党的惠民政策，不断增强人民群众获得感、幸福感、安全感。因此，提升驻村帮扶为农服务能力，有助于巩固拓展脱贫攻坚成果，建立健全低收入人群监测与帮扶机制，更有利于落实好党的惠民政策，改善党群干群关系，综合提升帮扶效应。

一、为农服务与乡村治理

为农服务主要包括为农村服务、为农业服务、为农民服务。每一类服务都包括福利供给和社会救助两项内容。福利供给主要是架通部门服务与农民之间的桥梁纽带，推动福利资源下移。社会救助主要针对低收入人群和特殊困难人群开展各类救助。

（一）乡镇和村为农服务的主要内容

乡村服务的内容广泛，农民所需要的，就是我们要提供的。在实际工作中，要特别注意以下几项重点内容：

第一，公共教育服务。一要关注教育服务设施改善与教育教学帮扶。依据国家《"十四五"公共服务规划》的要求，在驻村帮扶工作中，要在乡村开展面向全体村民的普惠型基本公共教育服务。二要关注并资助家庭困难学生。在帮扶村，有一定规模的特殊困难家庭，特别是低保家庭、有残疾人的家庭，其子女教育存在经济困难、学习困难等问题，需要驻村帮扶开展教育救助，可重点开展捐资助学和教育类志愿服务。

第二，劳动就业服务。在驻村帮扶工作中劳动就业服务主要包括两类，一类是通过培训提升劳动就业能力；另一类是对接企事业单位，提供就业机会，实现劳动力转移就业。

第三，社会救助、社会福利与社会保险服务。驻村帮扶工作要关注社会救助，通过捐赠、设立帮扶项目、孵化服务机构、提供志愿服务等方式，参与社会救助。主要开展动态社会融入服务、能力提升服务、心理疏导服务、资源链接服务和宣传倡导服务。同时要关注社会福利工作。在驻村帮扶工作中，福利主要是面向全体村民特别是老年人、妇女、儿童、残疾人、精神疾病患者等群体。它与社会救助最大的区别是，救助一般是面对低保户、建档立卡家庭或其他特殊困难人员，而福利主要是面向老人、妇女、儿童，不区分是否经济困难、是否是低保家庭等，不具有选择性。社会福利的主要内容是提供金融贷款、公共文化活动、疾病预防义诊与康复、体育、节假日福利、设施修建等。社会保险也是关系乡村稳定发展的重要工具。驻村帮扶推动社会保险工作的形式和任务主要是两种，一是领导协助相关部门和村"两委"做好年度参保工作，这其中的主要任务是做好动员工作，提高参保率；二是在进村入户中多关注农户在保险金领取和报销方面存在的问题，及时向上级反映，为他们争取更多政策规定范围内的保险金。

第四，基本医疗卫生服务。在驻村帮扶工作中，基本医疗卫生服务属于农村村庄基本医疗卫生服务范畴，相对于城市基本医疗卫生服务来讲，具有服务水平不高、非均衡特征。从驻村帮扶工作的性质来看，驻村工作基本医疗卫生服务偏向于乡村村庄公共卫生服务，主要是以村民和家庭为服务对象。以健全家庭医生服务、组织医护人员为主要形式，将脱贫户、动态监测户、儿童、老年人、妇女、残疾人等作为重点服务关注人群，服务内容包括在村庄内开展保健、健康教育、康复、预防等服务。

第五，公共文化体育服务。主要内容包括建立健全群众身边的文体活动组织、建设群众身边的文体设施、组织群众身边的文体活动、举办群众身边文体赛事、提供文体指导、营造氛围6个方面。驻村帮扶公共文化体育服务的工作形式主要为宏观指导和协助支持，这一点与基本医疗卫生服务的工作形式相同。宏观指导主要是指工作理念创新引导、整体规划的制定和制度设计等；协助支持主要是指积极利用帮扶单位行业资源、上级政府资源、社会资源，为村级组织开展工作提供资源支持。

第六，生产发展服务。生产发展服务是驻村帮扶的重点工作，是实现强村富民目标的重要路径。在驻村帮扶工作中，生产发展服务的对象分为个人、集体和各类经济组织。个人主要是具有一定创业理念、技能和拥有一定创业资源的乡村精英，集体主要是集体经济组织和农民合作社，各类经济组织主要是企业、协会等。

第七，综合治理服务。乡村综合治理是指在健全党组织领导基础上，坚持政府领导，引导党员干部、乡村精英、新乡贤、志愿服务力量等通过健全自治、法治和德治等方式方法，对乡村生产生活及发展过程中的各类问题进行调解与治理，促进乡村善治的实现。在乡村振兴诸目标中，治理有效是五大目标之一。

加强和改进乡村治理就需要有机地结合不同治理方式来实现。根据党的二十大报告及《关于加强和改进乡村治理的指导意见》等文件规定，重心在于围绕推进乡村治理体系和治理能力现代化，提升乡村善治水平，推动健全党组织领导的自治、法治、德治相结合的乡村治理体系，加强村党组织对村各类组织和各项工作的全面领导，形成治理合力；推动规范村务运行，完善村民自治、村级议事决策、民主管理监督、民主协商等制度机制；推动化解各类矛盾问题，实行网格化管理和精细化服务，促进农村社会和谐稳定。综合治理服务就是在驻村帮扶工作中，围绕乡村治理工作的堵点、难点进行帮扶服务。

（二）乡镇和村为农服务在乡村治理中的作用

为农服务是乡村治理的重要内容，也是乡村治理的重要目标。驻村帮扶推动乡村治理，其目的在于提供更好的服务。

第一，乡镇和村为农服务有助于重构乡村治理关系。服务是治理的核心，在乡村振兴的新时代背景下，"农村治理现代化与农村社会化服务体系的耦合演进之路不可阻挡"[①]。在农村社会化服务的内容体系中，除了上级政府提供的公共服务外，乡镇和村为农服务是其中的重要内容。通过完善乡镇和村为农服务体系不仅能够满足农民日益增长的多元需求，更能重新构建起政府、市场主体、社会主体与农民之间的紧密型治理关系。

第二，乡镇和村为农服务有利于实现乡村治理体系与治理能力现代化。服务型治理是众多乡村治理手段与类型中的一个重要构成。服务型治理最初起源于社会工作参与社会治理的相关研究中，后来成为社会治理的重要创新方向。2017年，中共中央办公厅、国务院办公厅联合印发《关于加强乡镇政府服务能力建设的意见》，明确提出乡镇政府服务职能建设导向。一方面，服务型治理较好地实现了党的性质宗旨和执政理念与治理的有效对接和融合。另一方面，服务型治理也符合提升乡镇政府服务能力的发展方向。在服务型治理理论框架下，践行以人民需求为核心的服务理念，在不断拓展治理参与的基础上最大限度地尊重和体现公共利益，是实现乡村治理的重要途径。乡镇和村为农服务是乡村治理的重要手段，对"三农"工作中不同利益诉求和价值取向保持客观的吸纳态度，更易于把握

---

① 毛铖：《乡村治理现代化与农村服务体系社会化的耦合》，《中南民族大学学报（人文社会科学版）》2021年第8期。

真实的社会实践生活，获取真实的社情民意，能够更加有效地实现人民群众参与公共事务，也能更好地通过服务凝聚共识，有效实现党对各项事务的领导。

第三，乡镇和村为农服务有助于完善综合乡村治理服务内容。正如我们上面所说的，乡村综合治理服务是乡镇和村为农服务的一项基本内容。在乡村综合治理服务过程中，乡村和谐稳定就是一个好的村级"营商环境"，有助于吸引人才、留住人才，不仅有助于人才振兴，更能促进乡村产业发展。另外，在综合治理服务中，吸纳新乡贤、公益慈善组织等社会力量参与其中，有助于实现治理主体多元化格局，增强服务乡村、建设乡村功能。

二、为农服务的策略与方法

驻村帮扶力量作为乡村治理多元主体中的强有力力量，常以组织委派的方式嵌入乡村之中，以开展为农服务的主要方式方法来引领示范和推进创新。具体表现为：第一，引领乡镇和村为农服务观念与时俱进；第二，孵化培育各类乡镇和村为农服务组织；第三，支持各类乡镇和村为农服务组织发展；第四，指导乡镇和村为农服务供给。

（一）完善为农服务帮扶内容体系

驻村工作队伍可以通过争取项目、争取资金或引入社会公益志愿服务项目、捐赠资金、改善基础设施、加强师资队伍建设、开展服务能力提升培训、改善为农服务条件、强化经费保障等方式开展为农服务帮扶工作。比如，在驻村帮扶工作中，根据不同教育阶段和不同家庭的需求，提供帮助特殊困难家庭子女争取减免相关费用、发放助学金、给予生活补助、安排勤工助学、学业课程辅导等方面的支持，或者通过引入社会捐赠资金、志愿服务项目来满足教育救助对象基本的学习、生活需求。

（二）发挥志愿服务优势

志愿服务在城乡社区社会服务中发挥了积极作用，已经成为社会服务的重要力量。为了更好地帮助服务对象提供为农服务，驻村帮扶人员可招募青年志愿服务队伍，通过同辈教育，改变观念，营造良好的氛围。

（三）建立健全村庄支持网络

驻村帮扶队伍可以帮助帮扶村建立健全政府层面的正式支持系统，通过邀请相关部门开展指导，以培训的方式，提升服务对象的能力，使他们在快速发展的社会中具备生存和适应能力，链接多方资源，建立村庄发展支持系统。通过互助、成长、支持等方式，构建起村庄层面、企业层面、农户层面的社会关系网络，以旧合作促进新合作，搭建生产互助组、专业合作社等发展支持平台。

（四）实施发展型帮扶

发展型帮扶是指在党建引领理念指导下，完善好党建引领乡村振兴机制。以乡村规划为契机，制定和落实好村庄发展规划。同时落实好新发展理念，创新发展道路与模式。还要积极孵化、培育、引进经济组织，完善乡村发展组织体系。更为重要的是要做好利益分配，壮大集体经济，树立以人民为中心的发展理念。协助做好金融信贷支持、产业发展项目引入、资本与技术引入等工作。以消费帮扶为核心，战胜生产发展中存在的困难和挑战。

（五）完善为农服务组织体系

驻村帮扶可以通过以下方式方法，完善为农服务组织体系。第一，加强村党组织建设，以集体合作社方式开展为农服务，提升基层党组织在为农服务中的领导示范能力，增加村级集体经济收入；第二，可以将党员为农志愿服务作为党员为群众办实事的重要活动，纳入党员考核事项中，发挥党员在为农服务中的先锋模范作用；第三，引导乡村精英成立村级为农服务合作互助组织；第四，通过数字化平台，建立为农服务需求发布机制，链接多元资源提供为农服务供给；第五，探索为农服务量化积分机制，利用集体经济年底分红和公开表彰建立积分奖励机制。

三、经验与做法

实践中，驻村帮扶在为农服务中形成了许多创新的做法，具有借鉴意义。

（一）提升组织动员能力

一是村庄社会组织培育。在对村庄进行初步了解之后，驻村第一书记及工作队需要建立和发展村庄内互帮互助合作组织，通过组织方式调动、挖掘和培育村庄内部力量。孵化村庄社会组织是驻村帮扶初期的重要工作内容。二是组织动员村民参与。动员村民参与是组织乡村的重要条件，也是驻村帮扶的重要内容之一。动员群众可以采用直接方法，如入户探访、直接联系村民、设立宣传站或召开村民大会等；也可采用间接方法，如宣传画，公众号、微信群等新媒体方式宣传，横幅，村庄宣传栏等。

（二）帮助搭建服务平台

按照服务对象，可以分为爱老敬老服务平台、留守儿童关爱服务平台、留守妇女服务平台和青年创业服务平台等；按照服务领域，可以分为党建服务平台、行政服务平台、志愿服务平台、文化体育服务平台、就业创业服务平台、医疗卫生服务平台、专业性社会服务平台、生产发展服务平台、销售消费服务平台等；按照服务专业性程度，可以分为专业性服务平台和志愿性服务平台；按照是否盈利，可以分为营利性服务平台和公益性服务平台；按照服务内容融合程度，可以分为单一领域服务平台和综合性服务平台；按照服务是否在线，可以分为线上、线下和混合式服务平台。

在平台搭建中，一是要确定平台建设的目标。要根据村庄需求评估，明确乡镇和村为农服务的主要内容与目标，明确平台类型与服务内容和功能定位。二是要确定工作人员的来源。按照当前发展趋势，平台工作人员应有一定的专业化素质，可以由乡村精英兼任、引入社会工作者或者志愿者。三是要确定服务内容。需要确定的不仅仅包括领域、内容，还有具体的平台服务形式方法，从而为平台运作提供支持。平台运作在很大程度上则需要政府的政策支持、政府和帮扶单位的资金支持、社会领域的项目支持等。平台的组织及社会化运作模式包括组织架构、资金来源、项目设计与实施等，可以采取委托服务、政府购买、帮扶单位支持等方式。

（三）加大资金筹集与资源整合力度

各种资金和资源要整合起来，发挥合力。

第一，拓宽资金与资源来源渠道。对于驻村帮扶工作来讲，其资金来源渠道主要是政府政策性资源，项目资源，帮扶单位、行业和社会帮扶资源。更为重要的是村庄内部资源整合。整合乡村内部资源在本质上属于乡村治理的范畴，其核心在于如何促成乡村成员达成集体行动，将分散、闲置的资源整合起来以获取规模报酬。

第二，资金筹集与资源整合的两个维度。在筹集和整合资金中，一要提升外部关注度。乡村自身资金有限，需要吸引外部投资主体。在驻村帮扶过程中，第一书记和驻村工作队首先要吸引政府、企业或其他主体（如返乡创业人员、下乡创业人员等）的注意力，获取乡村发展所需资本，而在资本、劳动力、土地等生产要素投入生产后，关键在于吸引市场的注意力，积累起具备一定规模的消费目标市场，将乡村优质产品及服务向外输送。二要加大内部资源整合力度。实现驻村帮扶目标需要有效整合乡村内部资源。在乡村这一具体场域中，内部资源主要指乡村自身所拥有的各类自然资源和社会资源，其中土地资源最为重要。在村庄内部资源整合中，要注意通过村干部或村庄精英的协调，顺利地达成集体行动，使乡村内部资源能够得到有效整合。

第三，优化资金筹集与资源整合方式。一要坚持利益共享。在驻村帮扶工作中可以通过"三变改革"、资本下乡、技术下乡、管理下乡等方式，实现土地入股、资金入股、技术入股、管理入股等，实现生产要素聚集，满足利益相关者的合理利益诉求，最大限度地整合动员。二要多方动员。对于党员领导干部多以帮扶政治责任和义务进行动员，对于新乡贤和外出就业创业致富起来的乡村经济精英，城市的医生、律师、教师等专业技术人员，可以以乡情乡音乡愁打动人心进行动员。此外，还可以利用关系动员。借助关键人物，了解需要动员整合对象的社会关系网，通过情感、道德等方式，进行整合动员。

第四，组织动员。借助组织力量实现各方资源整合。

（四）创新乡村服务模式

提升乡村服务水平需要创新服务模式，包括确立创新的方向、选择适当的模式。

第一，要确立创新的方向。在创新方向确定过程中，要关注到创新目标是促进社会正义、缓解社会矛盾、提升服务水平、扩大人民利益。要适应新的形势，比如服务主体日益多元化；服务手段日益多元化，从单一命令到"三治融合"；治理方式多元化，包括系统治理、依法治理、综合治理、源头治理等新的治理理念；乡村服务机制要坚持党的领导、政府主导、社会协同、公众参与、法治保障、科技支撑，构建参与主体从平等参与到共建共治共享的乡村服务机制。

第二，选择适当的模式。这里介绍 3 种模式。

模式一：社区发展模式。社区发展模式是乡村社区工作介入模式之一，是在一个地域内强调居民的参与和合作，集体组织起来控制或利用村庄资源、解决村庄问题、满足村庄福利需要、增强村庄凝聚力和归属感的工作手法。工作重心在于增强村民的民主参与意识，挖掘、培养当地人才。通过驻村帮扶工作者发动、鼓励村民主动关心本村庄的问题，对问题作了解，讨论并采取行动。在这一过程中，需要驻村帮扶工作者发动并鼓励村民去思考问题的根源，了解他们的需要，从而引发改变现状的意愿、动机、信心及希望。

社区发展模式的工作目标包括任务目标和过程目标。任务目标是要完成一些实质的工作，解决一些特定的村庄问题，通常包括社会经济发展、村庄社会发展、村庄公共基础设施建设、村庄文化发展；过程目标则是涉及较长久的制度或组织的建立，以及一些非实质性的转变，如提升村民参与村庄事务的兴趣、培养互助合作精神、培训地区领袖等。

模式二：社会策划模式。社会策划模式具体到村庄工作中就是在没有采取行动之前的计划工作，它将村庄目前存在的问题和将来的发展蓝图结合起来，制定出不同时期的工作重点，并划分出村庄发展的不同阶段。也就是说，村庄策划是村庄工作者用理性的方法，通过清楚理解工作机构的工作理念、政策、资源和方向而确立的村庄工作目标，然后从多个备选方案中选择一个最理想的工作策略，根据村庄需要动员及分配资源，并在按照预定目标进行的过程中结合实际的变化随时修改计划，等工作结束时，再对计划执行的情况加以反思。需要指出的是，社会策划模式既是一种村庄社会发展的总体发展策略，也是指具体的发展项目的策划管理，运用程序计划去实践社会发展的宏观目标，在组织层面策划及推动改变以期解决社会问题。社会策划可以广泛地运用到各类人群的服务，包括老人服务、儿童服务、残疾人服务等，还包括对现行服务的改进，对机构现有服务计划的完善和更新；地区和城市发展规划，如交通、房屋、环境等；社会发展计划，如人口、医疗等。

模式三：社区照顾模式。社区照顾分为在社区内照顾和由社区负责照顾两种。在社区内照顾是指将一些服务对象留在社区内而开展的服务，即指有需要及依赖外来照顾的弱势群体，在社区的小型服务机构或住所中（由政府及非政府的服务机构在社区里建立的小型的、专业的服务机构）获得专业人员照顾。由社区负责照顾是指由家庭、亲友、邻里及社区内的志愿者提供的照顾和服务。由社区负责照顾的核心是调动社区内的资源，发动在社区内的亲戚朋友和居民协助提供照顾，这是实行社区照顾的核心理念。主要对象是村庄中需要被照顾的弱势群体，如老年人、儿童、精神病人等。驻村帮扶工作者在其中主要扮演的角色是倡议者和组织者。主要提供行动照顾——起居饮食照顾、打扫居所、代为购物；物质支援——提供衣物家具和现金、提供食物等；心理支持——问候、安慰、辅导；整体关怀——留意生活环境、发动周围资源给予支援。

社区照顾服务创新要把握好若干环节。一是确立服务对象群体及居住所在，与之建立起互相信任的关系，并探索他们自身的潜能与资源，帮助他们建立自信心。二是建立社区照顾的网络和自主组织，主要包括由家人、亲友、邻居和社区内的志愿者构成的个人网络和村庄内同类型的服务对象组织成的互助小组。三是来自政府、帮扶单位和社会领域的帮扶资源、结对帮扶和志愿服务力量。

（五）优化服务流程

优化服务要适合农民需求，产生实际效果。

第一，引导开展需求评估。乡镇和村为农服务开展的基础，源于在现实生活中对于乡镇和村为农服务需求的了解，因为乡镇和村为农服务的目的正是满足这些需求。只有先调研乡镇和村为农服务的需求，对需求有所了解，才能最终正确地设置乡镇和村为农服务方案（项目）。

第二，做好策划与方案设计示范。在示范中要明确服务策划的主要模式。目前主要有两种模式，一是以需求为导向的设计思维。既要关注和分析服务对象的需求，也要关注服务者和志愿者的需求，通过开展需求效果评价，确定目标群体和需求选择，设计满足需求的具体策略和相关内容。二是以问题为导向的设计逻辑。具体程序包括初定问题与目标人群、锁定目标人群、验证目标人群与问题、陈述聚焦核心问题、分析问题前因后果、选择服务策略与方法等。规范策划与方案设计流程，应进行广泛的调研，了解与之相关的各个群体的情况。在明确问题和需求的基础上，界定社会服务项目所能提供的服务以及所能达到的效果，并制定出项目的总体目标及与之相关联的具体目标。策划与方案设计一要符合政策导向、能够满足社会需求、值得公众期待；二要逻辑清晰、框架完整、目标体系和行动计划具体可行；三要切实解决问题、形成积极效应，成效显著，投入产出绩效好；四要有可持续性、具有示范推广价值、服务对象及相关方满意度高。

第三，注重方案（项目）的监测与效果评价。方案（项目）的监测与效果评价应当贯穿整个方案（项目）设计和实施过程，是方案（项目）向前推进和发展的重要武器。监测与效果评价的内容包括方案（项目）管理的规范性、服务的专业性、进度的合理性、风险管理和应急方案的有效性、人力投放情况、项目目标和成效的达成情况等。

第五章
推进依法治村

习近平总书记指出："法治兴则民族兴，法治强则国家强。"① 党的二十大强调："全面依法治国是国家治理的一场深刻革命，关系党执政兴国，关系人民幸福安康，关系党和国家长治久安。"② 依法治村，是推进全面依法治国的有机组成部分，是依法实施乡村振兴战略的必然要求，也是全面推进乡村振兴时期驻村帮扶的重要工作内容。

① 习近平：《坚持走中国特色社会主义法治道路，更好推进中国特色社会主义法治体系建设》，《求是》2022 年第 4 期。
② 习近平：《高举中国特色社会主义伟大旗帜　为全面建设社会主义现代化国家而团结奋斗——在中国共产党第二十次全国代表大会上的报告》，《人民日报》2022 年 10 月 26 日。

一、依法治村的内涵和要求

依法治村是依法治国在乡村领域的落地实施过程。2020 年，中央全面依法治国委员会印发的《关于加强法治乡村建设的意见》，对法治乡村建设提出了更为具体的要求："加强党对法治乡村建设的领导，健全党组织领导的自治、法治、德治相结合的乡村治理体系，坚持以社会主义核心价值观为引领，着力推进乡村依法治理，教育引导农村干部群众办事依法、遇事找法、解决问题用法、化解矛盾靠法，走出一条符合中国国情、体现新时代特征的中国特色社会主义法治乡村之路，为全面依法治国奠定坚实基础。"

从依法治国落地到依法治村，驻村帮扶干部的工作主要目的就在于培育"办事依法、遇事找法、解决问题用法、化解矛盾靠法"的法治环境，引导村干部和村民向全民守法迈进。

（一）法治中国建设进程中的依法治村

中国特色社会主义法治体系肇始于新中国伊始，经历了 70 多年的发展，中国特色社会主义法律体系形成以宪法为统帅，以法律为主干，以行政法规、地方性法规为重要组成部分，由宪法相关法、民法商法、行政法、经济法、社会法、刑法、诉讼与非诉讼程序法等多个法律部门组成的有机统一整体。截至 2022 年 9 月 2 日第十三届全国人民代表大会常务委员会第三十六次会议闭幕，我国现行有效法律共有 293 件，按法律部门分类：宪法（1 件）、宪法相关法（49 件）、民法商法（24 件）、行政法（96 件）、经济法（82 件）、社会法（27 件）、刑法（3 件）、诉讼与非诉讼程序法（11 件）。党的二十大指出法治中国建设的 4 个主要方面：完善以宪法为核心的中国特色社会主义法律体系；扎实推进依法行政；严格公正司法；加快建设法治社会。

如果从这种宽泛的视角来理解，依法治村是将既有法律落地于乡村地区的行动过程，"坚持依法治国、依法执政、依法行政共同推进，坚持法治国家、法治政府、法治社会一体建设"即为依法治村的主要内容。

（二）乡村振兴战略背景下的依法治村

在有关农村的法律体系中，2019 年颁布的《中国共产党农村工作条例》和 2021 年颁布的《中华人民共和国乡村振兴促进法》（以下简称《乡村振兴促进法》）无疑具有特殊的背景和意义，也与驻村帮扶工作的联系最为密切。

《中国共产党农村工作条例》指出，为加快推进乡村治理体系和治理能力现代化，必须建立健全党委领导、政府负责、社会协同、公众参与、法治保障、科技支撑的现代乡村社会治理体制，健全党组织领导下的自治、法治、德治相结合的乡村治理体系，建设充满活力、和谐有序的乡村社会。因此，驻村帮扶干部的主要角色就在于建强基层党组织，进而推进"三治融合"。

《乡村振兴促进法》首次将国家实施脱贫攻坚以来关于农业农村发展的经验措施上升为法律，涵盖产业发展、人才支撑、文化繁荣、生态保护、组织建设 5 个重要方面，并把城乡融合发展作为促进乡村振兴的重要途径，是一部全面实施乡村振兴战略的综合性、基础性法律。驻村帮扶干部在实际工作中，要对《乡村振兴促进法》的 3 个特点熟稔于心：第一，发展性。与 2018 年中央一号文件中提出的"乡村振兴法"相比，法律名称中增加了"促进"二字，主要是考虑到乡村振兴涉及农业农村方方面面，短时间内难以通过立法对乡村振兴作出全面规范，因此按照能具体尽量具体，难以具体的通过原则要求的方式作出相应规定，并不像其他法律一样极为明确、刚性。第二，补充性。现行农业法等涉农法律已经对农业农村主要方面作了规定，因此《乡村振兴促进法》对其他法律规定不明确的作出补充性规定，而非对既有涉农法律的替代。第三，统领性。乡村振兴是一个持续探索实践的过程，因此需要不断完善以《乡村振兴促进法》为统领，相关法律、法规、规划和政策文件为支撑的乡村振兴法律制度体系，从而有效保证乡村振兴战略的实施。

从阶段性、战略性的视角来看，推进依法治村是通过加强党组织建设来实现"产业兴旺、生态宜居、乡风文明、治理有效、生活富裕"的乡村振兴战略总体目标。这样，《乡村振兴促进法》和各省根据自身情况调整后的《乡村振兴促进条例》中规定的内容即是推进依法治村的主要内容。

（三）社会治理实践中的依法治村

面对中国经济、社会、文化差异巨大的乡村地区，2017 年党的十九大提出"加强农村基层基础工作，健全自治、法治、德治相结合的乡村治理体系"；《关于加强法治乡村建设的意见》确定"健全党组织领导的自治、法治、德治相结合的乡村治理体系"为法治乡村建设的基本原则之一。"三治结合"推进法治乡村建设，是与中国乡村社会的治理传统和文化基础密切相关的。传统中国乡村社会是以"礼治"为主进行治理的，而"礼"就是被社会公认合适的行为规范，经由士绅阶层提倡、乡民共同协商而形成"乡规民约"。在一些少数民族地区，还有一些被村民公认的"习惯法"和社会规范，虽然并非由国家制定或认可，但因为符合地方性的文化价值观而广泛存在。再考虑到我国城乡法治建设不平衡的实际，依法治村即为推动乡村法治权威和法治秩序的长期过程。

如果从社会治理的角度来理解，推进依法治村不能仅仅强调"国家法"的落地实施，还要观照农村的治理传统与社会文化基础，通过适当的融通、结合才能产生最佳的乡村治理效果。中国现代法治是在新的历史条件下对传统社会"乡约"与"礼治"的创造性发展，为促进乡村治理体系和治理能力的现代化提供了法治支撑[1]。为此，要理解"法治"跟"自治"和"德治"的关系："法治"的作用在于维护"自治"的公平正义，守住"德治"的基本底线，并"以自治增活力、以法治强保障、以德治扬正气，健全党组织领导的自治、法治、德治相结合的乡村治理体系，构建共建共治共享的社会治理格局"[2]。

总而言之，驻村帮扶干部在实际工作中要明确地认识到，依法治村既指国家法律在乡村地区落地实施，又指按照《乡村振兴促进法》以基层党组织有效推进五大振兴，还具有由传统治理方式向法治化乡村治理方式转变的意涵，其层次多维、内容广泛而落地实施则需要高超智慧。

---

① 黄承伟：《习近平关于全面推进乡村振兴的重要论述研究》（上），《国家现代化建设研究》2023年第1期。
② 徐婧：《"三治融合"乡村治理体系的"法治"进路》，《华中农业大学学报（社会科学版）》2022年第1期。

二、驻村帮扶中依法治村面对的关键问题

（一）如何促进基层党建引领依法治村

推进依法治村必须坚持党的领导，这是社会主义的本质特征。《中国共产党农村工作条例》和《乡村振兴促进法》，均明确了乡村振兴延续脱贫攻坚时期"五级书记一起抓"的领导体制，实行中央统筹、省负总责、市县乡抓落实的领导体制和工作机制。只有如此，才能将不同层级、分属不同部门的法律、法规和政策贯通起来。驻村帮扶干部驻村的第一项重要任务便是夯实基层党组织基础，唯有如此才能维护乡村的公平正义，避免"强人治村""恶人治村"，实现乡村传统权威向法治权威的顺利转型，形成依法治村的社会环境。

驻村帮扶干部在驻村工作时，要注意近年来不断加强的基层党建和连续的驻村帮扶奠定的乡村治理基础。如农村网格化管理过程中，基层党组织与村民委员会组织成员交叉任职，支部建在网格上，党员与网格长、网格员身份重叠，使得党建引领能够向下延伸到每个村民组甚至每户农民家庭。2021年村"两委"换届选举中"一肩挑"（村党组织书记、村民委员会主任由同一人担任）和"一升一降"（提升学历，降低年龄）带来的村"两委"年轻化、高素质化特征，

既为依法治村和乡村发展提供了新的机遇，但也面临基层工作经验不足、急躁冒进、与老一辈村"两委"干部沟通衔接不当等问题。因此，如何维护新一届基层党组织对于本村工作的领导权威，如何对"一肩挑"的书记和主任进行有效监督，如何确保基层党组织在乡村振兴中能够坚守公平正义，就成为驻村帮扶干部考虑依法治村面临的第一个挑战。

（二）如何助推乡村"三治融合"

虽然乡村振兴时期要不断推进依法治村，但是由于村庄历史上长期的自治传统和执法成本高等问题，依法治村并不意味着仅仅以法治村，而应坚持自治、法治、德治相结合的治理模式，形成"三治融合"的理想状态。"自治为法治和德治建设奠定组织基础，法治为自治和德治建设构建制度保障，德治为自治和法治建设提供价值支撑"[1]。要通过深化自治、强化法治、实化德治，为乡村振兴提供有力的支撑。

然而，依法治村的实质和核心是村民自治，但当前的村级组织和村干部却高度"行政化"，这样的村干部可能会因为"对上负责"而缺乏为村民所反映的问题而奔波的动力。村级组织的日常运行方式和管理越来越靠近政府部门，逐渐形成"强行政、弱自治"的现状[2]。同时，随着社会流动性的增强，村庄原有的社会结构发生改变，乡村"空心化""空巢化"问题突出，很多乡村的青壮年劳动力都外出务工，村庄中剩余的"386199 部队"（指妇女、儿童和老人）

---

① 左停、李卓：《自治、法治和德治"三治融合"：构建乡村有效治理的新格局》，《云南社会科学》2019 年第 3 期。
② 李梅：《新时期乡村治理困境与村级治理"行政化"》，《学术界》2021 年第 2 期。

很难维持原有的乡村舆论体系和道德约束力，一些村庄的村规民约也只是"挂在墙上，写在纸上"，难以发挥其应有的作用。依法治村如果不能有效地回应这些现实问题，乡村治理的"三治融合"就可能落空。

此外，村民法律意识薄弱既受传统治理方式的影响，又与乡村公共法律服务薄弱有很大关系。部分地区虽然落实了"一村一法律顾问"制度，但尚未形成稳定的服务方式，很多中西部乡村甚至尚未匹配"法律顾问"；"法治带头人""法律明白人"培训考核多以法律知识和理论为主，与乡村治理工作的复杂实际距离较远，繁杂的法律体系和不断修正的法律条文更增加了培训难度；基层法院巡回审判工作由于较高的办案成本和有限的工作经费而限制了进一步下沉。再加上长期居住在农村地区的多为留守人口，解决村庄矛盾、纠纷的方式仍偏向传统，法治思维滞后，所以依法治村就不能刻板地"依法办事"，而应更多地"将心比心""以真情换真心"。

（三）如何监督政府依法行政

依法治村的行动主体除了基层党组织、自治组织，还有"基层政府"这一不可忽视的关键行动主体。政府能否依法行政，村民是否具有明晰的权利责任法治意识，是依法治村能否取得实质性效果的前提。驻村帮扶干部在理解政府依法行政时，需要更新两方面的观念。第一，依法行政虽然是针对政府公职人员而言的，但是当前村"两委"工作人员已经高度职业化、行政化，其工作任务也已经深度行政化，因此依法治村要抓住村"两委"干部这一"关键少数"，带头学法用法，以法治方式来思考乡村振兴诸多问题，依法治党、依法自治、依法行政，推动乡村发展。驻村帮扶干部，正是推动他们依法处理问题的引导者和监督者。第二，从行政执法队伍来看，当前县级以下法治组织体系主要包括 3 个方面的力量：综合行政执法队伍、派出所和司法所，但是总体上 3 个方面的力量都较为薄弱。综合行政执法队伍由于执法工作覆盖面广、专业性强而出现"接不住、管不好"的问题；派出所由于工作强度大、难度系数高而陷入"包打天下"的困局；司法所则多是兼职的"法律顾问"，一些司法所工作人员甚至尚未获得法律职业资格。

三、依法治村的操作原则

（一）谨慎对待治理规范化

依法治村中的"法"，无论是法律法规、政策制度，均具有一定的刚性特征，推进依法治村势必会加强村庄的规范化建设。无论是标准化党支部建设、网格化管理精细化，还是民法典的出台、《村民委员会组织法》的修订，均具有这样的趋势特征。但是，只要"上面千条线，下面一根针"的管理体制不变，基层组织的压力就难以根本性降低。为此，驻村帮扶工作不能让加强基层组织建设的规范化过程变成村干部新的"紧箍咒"。面对新一届村"两委"成员，驻村帮扶工作队应帮助其梳理工作方向、内容和程序，协助其将工作重点由"完成政府交办任务"向"引领服务村庄发展"转变。

在实际工作中，驻村帮扶干部不仅要协助村党支部依法依规建设好基层战斗堡垒，做好标准化规范化党支部建设，更要坚持为人民服务的宗旨、坚守初心使命，坚持与村"两委"协商共谋、共担责任，支持、鼓励村"两委"先行先试、大胆创新，不要让依法治村成为故步自封、安于现状的借口。如上海市金山区漕泾镇为了解决基层工作中任务不明确、责任不清晰、方法不接地气、效率不高等问题，实施"网格化党建＋四张清单"工作机制，通过程序清单、责任清单、制度清单、考核清单，将各类党员、党组织全部"网"

进网格，以具体化、可操作的内容细化各项党建工作，提高了基层治理的规范化水平，形成党建引领依法治村的模式。此外，驻村帮扶干部要发挥好乡村振兴"指导"作用，既不缺位也不越位，避免陷入村"两委"的日常村务造成"驻村帮扶干部拼命干，'两委'干部靠边站"的怪相。

（二）充分尊重村庄主体性

每一个乡村在村庄形成、发展和变迁中，均形成了一些为全体村民所广泛认同的社会规则和保障组织，形成"家庭和家族、拟家族化的社会关系、社会组织以及区域社会四个相互关联与支撑"的社会文化主体性[①]。村庄是以村民为主体、以自治为主要方式的治理共同体，法治基础较为薄弱，因此需要创新法治资源下沉的渠道，为此要依托党群服务中心建设，吸引就业社保、卫生健康、法律咨询等公共服务下沉到村，并链接综合行政执法队伍执法入村。然而，驻村帮扶工作在推进依法治村时并不能将村庄视为治理的客体，而应在依法治村过程中推进村庄治理共同体建设。"重点借鉴与传递农村社会组织与自治组织发展的有关经验，重新激活农村熟人社会网络所培育的社会成员之间的情感纽带，使自治与德治进一步在农村社会治理共同体建设中发挥应有作用。"[②] 选择村庄中比较有威望的村干部、村民小组长或村庄能人，将其培养成"法律明白人"是一条可行路径，逐步培育农村学法用法示范户，创建民主法治示范村。

---

① 王春光：《中国社会发展中的社会文化主体性——以40年农村发展和减贫为例》，《中国社会科学》2019年第11期。
② 赵晓峰、马锐、赵祥云：《农村社会治理共同体建设的社会基础及经验适用性研究》，《北京工业大学学报（社会科学版）》2022年第5期。

在推进依法治村时，驻村帮扶干部要明确自身"资源链接者与沟通创造者"的角色定位，延续脱贫攻坚期间深入走访的做法并拓展为熟稔村庄的治理主体、治理资源和治理方式，实现"三治"有机融合。例如，针对村民之间的宅基地纠纷，驻村帮扶干部要明晰多种可能的治理主体：自治型主体（如村民委员会下属纠纷调解委员会）、德治型主体（寨老议事会）和法治型主体（如乡镇巡回法庭）；治理资源：村规民约等自治型资源，道德规范等德治型资源，民法典、土地管理法等法治型资源。在此基础上坚持协商调解优先、诉诸法律为后的原则，与村"两委"共同探索乡村矛盾纠纷调解化解机制。例如，浙江省桐乡市创新出"一约两会三团"，激发村民自治活力。"一约"，将原来村庄内的村规民约拓展为市场公约，作为依法管理市场、实现经营户自治的主要依据；"两会"，指百姓议事会、乡贤参事会，动员老百姓和村庄能人参与社区发展和治理；"三团"，即百事服务团、法律服务团、道德评判团，为群众提供全方位志愿服务、订单式法律服务和红黑榜道德评判。通过这种充分尊重治理传统的方式，才能逐步引导乡村从人治走向法治。

（三）尽早发现法治新情况

乡村振兴是一个需要不断进行探索创新的长期过程，在乡村资源的统筹利用和发展探索中，可能会面临涉农领域立法不完善、部分农村改革突破现行法律法规等新情况、新问题，这对于依法治村提出了更高的要求。驻村帮扶干部要利用好党领导农村工作的机制，通过主要党政领导干部集体协商、村民大会和村民代表大会集体决策等制度安排，支持、鼓励村"两委"干部主动进行改革试点并及时总结经验教训，在保证乡村振兴大方向的前提下进行"微创新"。

与此同时，驻村帮扶干部要协助村庄，充分利用人大代表"双联双促"等既有工作机制，将村庄在乡村振兴期间遭遇的困难、对法律和政策的需求等反映给人大代表、乡镇政府或相关职能部门，促进涉及农业农村发展和乡村振兴方面的法治建设和完善。例如，与老百姓密切相关的粮食安全保障法、耕地保护法、农村集体经济组织法、修订渔业法、植物新品种保护条例等，驻村帮扶干部可引导村"两委"和群众主动向人大和相关部门反映诉求，推动涉农法律制度的完善。总之，驻村帮扶干部不能因为农村法律体系不完善、法律与法律冲突、法律与政策矛盾就回避这些乡村发展的真问题，而要始终以发展的眼光来看待乡村振兴，通过发现乡村的法治新情况推动法律制度完善或政策调整改进，从而形成以治理保障发展，以发展促进治理的良性互动格局。

第六章

完善村民自治

村民自治是我国社会主义民主政治制度的一项重要内容，是乡村治理体系的基础，但是在一些地方还不同程度地存在一些问题，特别是在欠发达地区，更需要提升村民自治的效果。驻村帮扶要将完善村民自治作为提升乡村治理效果的重要手段。

一、完善村民自治的内涵与要求

2023 年中央一号文件提出要提升乡村治理效能，健全党组织领导的村民自治机制。村民自治作为乡村治理体系的重要组成部分，完善村民自治，提升村民自治水平，对提升农村基层治理能力和全面推进乡村振兴具有重大意义。

（一）村民自治的基本内涵

村民自治源于广西壮族自治区河池市宜州区屏南乡合寨村的村民自治实践。1980 年合寨村成立了全国第一个村民委员会，订立了《村规民约》并依照规约开展村级事务的管理，走出了中国共产党领导下实行村民自治的新路子并得到了广西各地的效仿。村民自治得到国家各部委的高度重视，并迅速派出工作组开展考察，充分肯定了广西村民的创举。在 1982 年将"村民委员会"这一组织形式正式写入宪法，确立了村民委员会是基层群众自治性组织的地位。在 1988 年正式颁布的《村民委员会组织法》中对村民自治作出了明确规定，主要包含 3 个方面的内涵。

第一，村民自治需要在法律的框架下展开。村民自治是我国法律对农村基层管理形式的一种制度性安排，对于村民自治已经形成基本共识，即村民自治就是广大农民群众根据宪法、《村民委员会组织法》等国家法律规定，直接行使法律赋予的民主权利，依法办理自己的事情，通过民主选举、民主决策、民主管理和民主监督的形式，实行自我管理、自我教育和自我服务的过程。由此可以看出，农村基层范围内的所有村民自治活动必须在法律的框架下进行。另外，《村民委员会组织法》还规定，村民会议、村务监督机构的产生及其职责，村民自治章程、村规民约以及村民代表会议等不得与国家宪法、法律、法规和国家的政策相抵触。由此可以看出，村民的自治活动是依法展开的自治活动。

第二，村民自治发挥村民的自主精神。村民自治是在国家法律框架下由本村村民依据自己的意愿依法处理本村事务的一种制度形式。村民的自主意愿构成了村民自治的基础。在《村民委员会组织法》中明确指出，依照宪法和法律，支持和保障村民展开自治活动、直接行使自治权利。可以看出，在这一制度设计中，明确了村民是自治活动的主人，村民自治的过程就是村民发挥自主精神对本村的公共事务进行决策、执行和监督的过程，并按照少数服从多数的原则，确保实现乡村公共利益最大化的目标。

第三，村民自治充分体现民主的治理理念。《村民委员会组织法》明确了村民自治过程中村民对各项村庄公共事务所享有的各项权利，如选举权和被选举权、对村民委员会成员的罢免权、村务的知情权和决策权等。在第十九条更是明确规定必须经由村民委员会讨论决定的 8 项村务。另外，《村民委员会组织法》还对村民自治组织的运行规范、领导机制、组织运行程序等进行了全面规范，从原则上解决了村民在自治过程中做什么与怎么做的问题，使村民自治在实践中有章可循、有法可依。村民自治探索和创造了基层民主形式，推动了农民直接践行民主，完善了基层组织体系，保护了村庄集体利益，推动了村庄公共事务的发展，这是民主建设在农村基层的生动体现，其实质就是民主理念在农村地区的实行和贯彻。

（二）完善村民自治的时代内涵

2023年中央一号文件指出，要坚持以党建领导乡村治理，办好农村的事，关键在党，要发挥农民主体作用，扎实推进乡村振兴。党的二十大指出，发展全过程人民民主，强调"基层民主是全过程人民民主的重要体现"，村民自治是基层民主的实践形式，这些指示赋予村民自治新的时代内涵。

第一，巩固党在农村基层的执政基础。《村民委员会组织法》和2019年最新修订的《中国共产党农村基层组织工作条例》都明确规定村党组织在乡村处于领导核心地位，党的领导是村民自治的政治前提与根本保证。在实践中，农村基层党组织要切实加强对村级组织的统一领导，中国共产党的领导是中国特色社会主义的最本质特征，是中国特色社会主义制度的最大优势，坚持党的领导是我国民主政治体制的中轴，也是村民自治的轴心，坚持党的领导是指导一切工作的基本出发点和落脚点，在全面推进乡村振兴的新阶段，最艰巨最繁重的任务在农村，最大的潜力和后劲也在农村，只有确保党对村民自治组织的绝对领导，实行党建引领才能在推进乡村振兴的实践中把握正确的政治方向，推动实现组织振兴，进而推进乡村的治理有效。

第二，凸显农民的主体性。农民的主体性地位是实现乡村有效治理的基本原则，也是落实村民自治、推进农村基层民主建设的关键问题。在全面推进乡村振兴的新时期，想要实现农村基层的有效治理，根本在于依靠农民，党和国家的各项方针政策都需要农民的实践，只有依靠农民，才能最大限度地发挥农民的首创精神，乡村治理"干什么、怎么干、干得怎么样",都要由农民参与,由农民决定,要充分相信农民的能力。只有依靠农民,才能从乡村实际出发,制定符合本地的村民自治方法,进而实现治理有效。

第三,推进农村全过程人民民主建设。村民自治是农村基层民主的实践形式,村民最直接的政治参与方式就是通过村民自治行使权利参与乡村治理。不断完善村民自治是基层发展全过程人民民主的表现。在村民自治中,全过程人民民主将民主选举、民主决策、民主管理和民主监督等各个环节相互贯通,充分保证了村民群众的知情权、参与权、监督权和决定权等权利,推动民主从价值理念成为扎根中国农村的制度形态、治理机制和村民的生活方式。这是对基层民主建设的深化,丰富了基层民主建设的内涵,使人民的意愿和要求得到最广泛和最充分的表达,使村民自治制度充满活力。村民自治是实现乡村治理的重要途径,也是农村基层践行全过程人民民主的有效形式。

(三)完善村民自治的政治要求

党的二十大指出,到 2035 年基本实现治理能力现代化。乡村治理是国家治理体系的重要组成部分,是国家乡村振兴阶段的重要政治任务,通过完善村民自治,促进实现乡村治理现代化需要遵循以下 3 点要求。

第一,突出基层党组织对村民自治的领导作用。习近平总书记在 2022 年年底的中央农村工作会议上强调,要坚持党领导"三农"工作原则不动摇,健全领导体制和工作机制。只有坚持党的领导,不断提高党在农村工作中的政治领导力、思想引领力、群众组织力和号召力,才能有效推动乡村振兴战略落地生效。加强党对农村基层工作的全面领导就是要加强党对农村经济建设、政治建设、文化建设、社会建设、生态文明建设和党的建设各项工作的全面领导，把握住农村改革发展的方向，把党的政治优势转化为推进乡村振兴的动力。健全村党组织对村民自治的全面指导能够促进农村的公平正义，巩固农村的基层政权，稳固党在农村的执政基础。

第二，构建自治、法治、德治"三治融合"的乡村治理体系。自治、法治、德治相结合是基层治理体系现代化和治理能力现代化的主要内容，通过村民自治，建立自我管理、自我服务、自我教育和自我监督的治理机制，使村民能够依法管理和约束自己的行为，同时满足农民发展的需求。村民自治实践要坚持农民学法用法、遵纪守法、培育法治精神，加强村民自治的法治保障。要广泛在乡村开展普法教育，推动法律知识走进农家，营造乡村依法办事、遇事找法、解决问题用法、化解矛盾靠法的良好法治环境，坚持用法治保障农民的合法权益。坚持以规立德、以文养德、以评弘德。通过制定乡规民约等强化道德规范的约束力，形成讲道德、尊道德、守道德的乡村文化。"自治、德治与法治在村民自治中相辅相成、相互支撑、合力共治，提升治理效能"[1]，进而建设充满活力、和谐有序的善治乡村。

第三，推进和美乡村建设。党的二十大指出，"统筹乡村基础设施建设和公共服务布局，建设宜居宜业的和美乡村"，充分体现党对乡村建设的重视，也反映了人民群众建设美丽家园和过上美好生活的期盼。推进和美乡村建设需要让村民充分参与到乡村建设中，不断完善村民自治，建立和健全乡村农民参与机制，不断完善农民参与乡村事务的决策和监督等制度，保证农民参与乡村建设的知情权、参与权、决策权和监督权等，让农民参与村庄建设事务有法可依、有据可循，不断提高村民参与乡村建设的能力。

---

[1] 吴传毅：《健全自治法治德治相结合的基层治理体系》，《学习月刊》2022 年第 1 期。

二、加强农村群众自治组织建设

农村群众自治组织是村民行使自治权的主要平台和依托，加强农村群众自治组织建设，有助于更好地实现广大村民的民主权利与推进社会主义民主建设。随着农村社会经济的不断发展，特别是实行家庭联产承包责任制后农村生产经营关系的转变、取消农业税等措施，对农村自治组织发展造成冲击。首先是对农村基层党组织的影响，农民对于基层党组织的依赖性大为减小，基层党组织面临弱化、虚化和边缘化的问题，农村党员队伍发展难以为继。其次是在村民委员会发展方面，村民委员会的日常性事务减少，事实上造成村民委员会职能弱化，并造成村民委员会的规范化程度不足问题，制约村民委员会自治能力的发挥。同时，村民委员会也面临着干部人员难以为继的问题。最后是受农村地区经济社会资源基础条件等实际条件的制约，农村自治组织在资源整合、创新及服务群众等方面能力低下，制约自治水平提升。驻村帮扶需要从基层党组织建设、村民委员会建设和村民自治组织能力建设3个方面进行帮扶，从而提升村民自治水平。

（一）健全以村党组织为核心的组织体系

村党组织在村民自治组织中处于绝对的领导核心地位，有助于以高质量的党建引领推动村民自治组织和村民自治活动的开展。驻村帮扶可从以下 3 个方面帮助健全以村党组织为核心的组织体系。

第一，强化村党组织中的领导地位。始终坚持党的基层组织领导地位不动摇，强化党组织对各类村民自治组织和各项工作的全面领导，确保农民群众自治组织建设的正确方向。构建以党组织为核心、各类群众自治组织为基础的乡村治理组织体系。"由基层党组织讨论决定发展规划、重大措施、总体部署等重要事项，保证党组织把方向、谋大局、促发展的引领作用。"[①] 通过推进村党组织书记通过法定程序担任村民委员会主任和各类村级组织的主要负责人、推行村"两委"班子成员交叉任职等方式提升党组织对农村社会各自治组织的政治引领力，让党组织在基层工作中发挥主导作用，带动其他群众自治组织发展。

第二，优化自治组织的设置。始终坚持党员群众在哪里，组织就要建设到哪里，推进党的组织全域覆盖。针对农村广泛存在的各类群众自治组织，只要符合党小组建设条件的，要按照实际情况在群众自治组织中成立党小组，拓展党组织在各领域的存在空间，将党组织的领导延伸到各领域，构建覆盖农村社会各领域的坚强组织网络，扩大农村党组织的覆盖面，有效延伸党的领导。

第三，加强党员队伍建设。健全以党组织为核心的组织体系，关键在于建设一支能力过硬的基层党员队伍。要积极培养政治素质过硬、发展本领过硬、协调能力过硬、服务水平过硬、作风品行过硬的优秀人才，让他们担任村党组织和村民委员会的"一把手"。发挥好基层带头人作用，有效实现党组织的政治引领，把党组织建设成为宣传党的主张、贯彻党的决定、领导基层治理、团结动员群众、推动改革发展的坚强战斗堡垒。同时，加强后备干部队伍建设，特

---

① 李振峰：《发挥基层党组织在社会治理体系中的核心作用》，《唯实》2021 年第 8 期。

别是注重挖掘和培养年轻党员，为村党组织的可持续发展培养后备力量。

（二）加强村民委员会规范化建设

村民委员会是村民自治组织活动开展的载体，村民委员会规范化建设直接关系到村民自治组织的发展和运行。驻村帮扶可从以下3个方面帮助加强村民委员会的规范化建设。

第一，加强村民委员会的制度建设。围绕村民委员会自我管理、自我教育、自我服务、自我监督的基层群众性自治组织定位，驻村帮扶需要帮助村民委员会健全民主选举、民主决策、民主管理、民主监督4个方面的制度。村民委员会的选举换届在选举工作机构、选民登记、候选人的产生、投票选举和罢免补选方面要严格按照《村民委员会组织法》的规定，做到程序的规范化。要进一步规范民主决策形式，凡是村级管理的重大事项、村重大事务和涉及村民群众切身利益的事项都必须通过村民会议或村民代表会议协商讨论决定，创新村民协商的载体，依托村民议事会等平台鼓励村民开展村民说事、民情恳谈等协商活动，深入开展协商实践。全面实施村级事务阳光工程，落实党务、村务、财务"三公开"要求，严格按照村务公开制度规范要求，推进村务公开程序，推动民主决策和民主管理。明确村务监督的具体内容，如政策决议的落实情况、村级组织人事安排情况、村干部作风情况等，村民委员会要定期向村党组织、村民会议和村民代表会议汇报监督情况，并加强村务监督委员会实体化建设。通过拓宽社会化的监督渠道，利用网络等现代化电子信息平台创新监督方式方法，建设村务监督信息化平台，广泛收集信息民意，拓展村务监督领域范围，做到随时随地能够进行监督，提升监督时效性，推动民主监督不断完善。

　　第二，选优配强村民委员会班子。严格按照程序开展村民委员会选举工作，坚持任人唯贤、任人唯德、任人唯才的原则，选拔那些德才兼备、群众认可、能力突出的人才担任村民委员会班子成员。利用党的最新理论知识、法律法规等对村"两委"干部开展有针对性的培训，提升履职能力，将村"两委"干部培养成为懂政策、能实干的好干部。建立村"两委"班子后备人才库，保证村"两委"班子的可持续性发展。推行村民委员会干部任期目标和年度目标责任制，村民委员会班子成员完成任期需要通报工作完成情况。落实对村民委员会干部的民主评议、监督和考核工作，对考核不过的干部，按照相关规定予以调整、撤职或罢免，增强村民委员会干部的责任感、使命感和为民服务的工作意识。

　　第三，健全村民委员会下属委员会及其他村级组织。按照村民居住情况等推选村民小组长。将有一定议事能力的、热心为农村服务的、在村民中富有威望的村民推选为村民代表。通过村民会议推选、组建村务监督委员会。根据需要及时设立人民调解委员会、治安、卫生、妇女儿童工作等村级组织，并明确村级组织工作职责，制定章程，在村民委员会的领导下参与村庄治理工作。

（三）增强村民自治组织能力

　　村民自治组织的能力关乎村民自治组织的质量和服务村民的水平，驻村帮扶需要帮助村民自治组织增强以下3种能力。

　　第一，增强村民自治组织的资源整合能力。村民自治组织是参与村庄治理的重要主体，村民自治组织通过相应的平台、正规的程序积极向上级政府争取财政支持资金资源。通过发展乡村产业等方式发展新型农村集体经济，推动村集体经济可持续发展，不断拓宽村集体的增收渠道，进而为村庄加快基础设施建设、科教文卫设施建设，提高农民的生活质量提供资源支撑，实现缩小城乡发展硬件设施的差距目标。同时，要大力吸纳村庄各类型能人参与乡村建设，发挥不同类型能人的优势和长处，推动人力资源利用最大化。

第二，增强村民自治组织的创新能力。村民自治组织虽然受上级党组织的领导和政府部门的指导，但是也会存在一定的自主行动的灵活性。要鼓励村民自治组织摆脱以往依赖政府的惯性思维，勇于创新。村民自治组织要基于村庄实际情况，具体问题具体分析，探索适合村情的政策执行策略，不机械地执行上级部门的指令。同时，村级自治组织开展自治工作要尊重村民的选择和实际需求，不是强迫村民做选择，而是引导和协助村民做正确的选择，与村民建立友好平等关系。

第三，增强村民自治组织的服务能力。村民自治组织要积极开展针对性的自我教育培训学习，提高村干部的科学文化素养，在工作中不断学习如何维护村民的政治、经济和文化权益，引导和组织村民参与乡村治理各项工作。强化责任意识和担当意识，让村干部清楚认识到作为村庄治理的组织者和行动者，他们是连接上级部门和基层群众的桥梁和纽带，要做到以人民群众需求为导向，为人民群众提供有效服务。在开展工作的时候要首先想到村民群众需要什么，然后组织应该怎么做，时刻怀揣着为村民服务的"心"，推动村民自治组织更好地联系群众、服务群众。

三、调动村民自治积极性

推动村民参与是构建自治、法治和德治的乡村现代化治理体系的重要途径，村民作为村民自治的主体，要推动完善村民自治，关键在于调动村民参与的积极性。广大村民受制于文化水平等因素，对村民自治之于乡村治理的重要程度了解不够，乡村主体性意识不强，法治观念淡薄，造成了村民参与自治的程度不深。驻村帮扶要推动培养村民参与意识、营造良好的村民自治环境与建立参与的激励机制，调动村民参与的积极性，吸引村民主动开展村民自治活动。

（一）培养村民参与意识

村民的参与意识直接关系到村民参与的程度，驻村帮扶可以从以下3个方面考虑如何培养村民参与的意识。

第一，加强村民再教育。重视村民的再教育工作，依托村民委员会、村小学等设施，通过成立培训班、开办夜校等形式，利用县级党校、初高中学校等政治教师资源，定期开展村民文化教育水平提升工程，在提高村民的政治文化素养上下功夫，增强村民参与国家政治生活的意识，推动村民知晓村民自治对实现自身权利的重要作用。

第二，加强农村法治宣传。村党组织和村自治组织干部要通过加强对宪法、《村民委员会组织法》等法律的宣传，使村民更加清楚自己的权利和义务，增强村民的法律意识，鼓励村民的参政行为，按照村民的实际情况，定期组织开展法律知识的专项培训活动，向村民传授村民自治的基本程序和法律规范，保证村民懂法用法，在法律的框架下开展村民自治活动。

第三，组织开展结对帮扶。村党组织和村民自治组织干部要深入了解群众所需、群众所想，解决群众的实际问题，要深入村民群众中，开展实地调研，不断发现村民自治中遇到的问题，在实际中要遵循具体问题具体分析原则，提出切实有效的解决方案。借鉴精准扶贫结对帮扶方式，结合群众数量，村"两委"班子成员与群众结成帮扶对子，做到农户全覆盖，不落一户，不落一人，树立"群众的事就是自己的事"的意识，增强村级组织与群众的关联度，积极构建和谐的干群关系，在群众参与村民自治的问题上答疑解难，以实际行动帮助村民培养自治意识。

（二）营造良好的村民自治环境

农村的整体社会环境等对村民自治行为会产生影响，营造良好的自治环境是推动村民参与自治活动的有效途径，驻村帮扶可从以下3个方面营造村民自治的环境。

第一，村民自治组织要自觉接受监督。村干部作为村民自治组织的主要代表，在实际工作中要以身作则，自觉地接受村民的监督，保证法律赋予的干部权力和组织权力在阳光下运行。村干部主动接受村民的监督，有利于建立村民对村民自治组织的信任度。同时，村民自治组织主动接受监督是落实监督权的有力体现，保障了村民的知情权、质询权和建议权等权利。鼓励和接受村民的监督、意见和批评，有助于村民自治组织进一步改善工作作风、提升工作能力和改进服务效能，推动形成村民敢于监督、乐于监督的自治环境。

第二，村民自治要畅通民主决策渠道。凡是涉及村庄重大公共事务的决策管理，必须严格落实《村民委员会组织法》的规定，严格遵循民主决策流程，先召开村"两委"成员会议，经审议决定后再召开村民会议和村民代表会议表决，且本村必须要有2/3的户代表参加，确保决策能够遵循大部分村民的意愿，保护大多数村民的合法权益，并确保村庄事务审议的有效性和权威性，保证每一个村民都能够有权发表自己的意见和建议，推动形成村民乐于发表意见的自治环境。

第三，村民自治要坚持走群众路线。开展村民自治是党的群众路线在村民自治活动中的具体落实，每一个干部都应该深入群众，多同群众座谈，和群众交朋友，融入基层群众的圈子，要坚持群众评价的机制，将群众对干部的满意度作为评价干部基层工作的重要指标，鼓励干部多下基层，多与群众沟通，密切干群联系，并让群众进一步了解本村自治组织的各项工作，进而给予工作上的理解和支持。良好的干群关系也是推动村民积极参与自治和营造良好自治环境的重要因素。

（三）建立村民自治的激励机制

通过建立激励机制，对村民参与活动给予物质奖励，让村民在参与自治的活动中得到实实在在的好处，最大限度地激发村民参与村民自治的热情，驻村帮扶可从以下两个方面建立参与自治的激励机制。

第一，推行红黑榜制度。对村民自治积极的村民实行红榜表扬，对消极对待乃至拒绝参与的村民实行黑榜批评，弘扬在参与村民自治中的优秀行为，激发村民参与村民自治的荣誉感和获得感，进而充分调动村民自治的主动性和积极性。

第二，实行积分制。制定相应的村民自治活动的相关评分指标和奖励标准，规范评分细则，对达到参与的标准的村民给予一定积分，建立村民自治积分账户和兑换银行，明确积分管理模式、积分兑奖形式等方面的规则，获得积分的村民可根据积分的多少兑换不同层次的实物奖品，以实际的物质激励引导村民主动参与自治活动。

第七章
弘扬乡村优秀文化

弘扬优秀文化，发挥好优秀文化举旗帜、聚民心、育新人、兴文化、展形象的作用，有助于更好地践行社会主义核心价值观，更有助于推进乡村文化发展，实现乡村产业振兴、文化振兴、治理有效、生态宜居、强村富民等综合目标。

一、乡村优秀文化与德治

传统文化是指在特定的地区中，当地民族或者当地人群在历史发展过程中产生、发展，并对当前以及未来生活都会产生影响和作用的精神文化的总和。优秀文化是乡村善治必备的文化基础。按照文化的构成要素，乡村优秀文化可分为物质文化、制度文化和精神文化，其中精神文化由信仰、价值和态度构成。按照文化的地位，可分为社会主义核心价值观、革命红色文化、区域优秀传统文化和村庄特色文化。

乡村优秀文化具有创造性、习得性、集体共享性、超个人性、象征性和符号性，以及正能量特征。其中，创造性是由当地群众在生产生活中创造出来的；习得性表明乡村优秀文化需要宣传、学习而融入生产生活中；集体共享性和超个人性指的是乡村优秀文化不是一个人的文化，而是群体生产生活的体现；象征性和符号性指的是群众表达意思、进行交流要使用语言、表情、姿势，以及物质等各类符号；正能量特征指的是积极的、正向的文化。

党的十九大指出："加强农村基层基础工作，健全自治、法治、德治相结合的乡村治理体系。"由此可见，德治是提升乡村治理水平的重要手段。所谓德治，就是在乡村社会中，充分发挥道德在社会秩序维持中的作用，以道德规范治理个人行为和活动的治理模式。乡村优秀文化中包含着尊重自然、敬天安民、勤劳节俭、重义重德、集体至上等价值追求，这些价值追求在当前乡村治理过程中是十分重要的价值导向。

（一）有利于重建村民对乡村社会文化的认同

受城市文化及优势文化的影响，村民的思维方式、生活方式、人际交往、价值观都在逐渐发生着改变。特别是低俗文化在乡村的出现，致使乡村风气受到了严重侵蚀。越来越多的村民认为城市等于先进，农村等于落后，开始对自身所处的乡村文化表现出一定的鄙弃。弘扬乡村优秀传统文化，可以激发村民对村庄的认同，催生其产生自觉维护乡村、发展乡村的情感，催生其对自身所处乡村文化乃至乡村社会的自豪感与自信心。

（二）有利于促进培育乡村公共精神

随着乡村社会变迁与快速转型，村民参与乡村社会交流的公共空间萎缩，对村庄事务的关注大幅削减，乡村公共精神遭遇困境。此种现象直接导致乡村社会治理的难度加大。开展乡村文化活动可以促进村民最广泛地参与集体活动，是乡村社群进行联系的契机。乡村文化活动除具有娱乐性质外，还具有一定的价值指向，是乡村治理的一种手段，通过活动村民得到了教育，人们更加团结，互帮互助，形成了和谐相助的氛围，为乡村可持续发展提供了精神动力，为乡村自治奠定了群众基础。

（三）有利于降低乡村治理成本

乡村传统文化是人们在日常生活中形成的文化，身处其中会潜移默化地受其影响。村民通过日常接触或家传，无形中就能受到教化，在一定程度上起到了育人功效。村规民约是乡村传统文化的规范文本，是根据各村实况而制定的，在运用中具有弹性特点，可以对法律制定的空白地带起到补充作用。在乡村，存在着各种冲突与纠纷，通过文化进行规范约束和问题治理，能以最低的成本有效迅速地解决问题。

（四）有利于丰富乡村治理主体

乡贤也称为乡绅，是乡村治理的重要主体。新乡贤一般是深受当地民众信任的人，被称为乡村能人，他们往往德高望重。在乡村治理中，新乡贤能够发挥个人影响、化解社会矛盾。依托新乡贤进行协助治理，可以有效调解社会矛盾，帮助提高村民素质，引导重塑优秀乡村文化，助力乡村发展，达到推动乡村治理有效的目的。

二、弘扬乡村优秀文化的方式方法

（一）保护乡村优秀传统文化遗产

在驻村帮扶工作中，首先，要有选择地继承乡村文化，对精华部分进行弘扬，对糟粕之处进行剔除或改造，以营造健康和谐的乡村风气。其次，要完善传统文化遗产保护的政策。用好传统文化保护制度与政策法规、传统文化申遗工作及非遗传承人制度，确保相关法规制度能够为传统文化遗产保驾护航。再次，做好传统文化遗产的保护。通过数字馆、数字资源库、网络展示空间等现代技术来实现传统文化遗产的共建共享。最后，开展多彩的文化活动，将乡村优秀传统文化与农民的生产生活实践相结合，增加村民文娱活动，丰富村民精神世界。

（二）加强传统文化阵地建设

加强农村文化设施和活动场所的建设、使用和管理，丰富民众精神生活。广泛开展传统文化宣传教育活动，提升传统文化的凝聚力。发挥基层党组织、道德先锋、身边榜样等新乡贤的示范带动作用，引导乡村民众自觉摒弃不良习惯，使文明健康的生活方式融入人心、人人皆知。弘扬优秀传统文化，丰富农村文化产品供给，为广大民众提供优秀的文化产品和服务，满足其日渐增长的精神生活需求，积极创演贴合群众需求的文艺项目。通过农民喜闻乐见的文艺表演形式，加大面向"三农"的精神文化产品创造力度。围绕身边好人、先进事迹编排节目，围绕敬老爱老、乐于助人等方面故事，教育群众树立正确的价值观。

（三）大力发展乡村文化产业

当下，人们之间经济利益的矛盾是影响乡村治理走向深处的绊脚石。协调好利益分歧，村民才会关心村内事务进而主动参与乡村自治实践。要发展集体经济，增加村民收入，为其参与治理筑牢经济根基。"通过文化产业进行文化治理，将在一定程度上补充甚至取代政治治理、经济治理的国家治理的功能。"[①] 特色的农产品、古建筑、乡村景观、地方美食等都是进行文化产业开发、推动旅游发展的最佳资源，若与科技、市场结合将会形成蓬勃的产业。对于弘扬优秀文化改进乡村治理来说，发展文化产业就是在兴盛文化经济，既增加了村民收入，又传承了乡村文化，重塑了乡村共同体。所以，发展乡村文化产业具有多重经济和社会价值。

（四）增强优秀传统文化的感染力

第一，树立乡村传统文化品牌。要充分尊重各个地域的特殊文化模式，保持自身的特质，使其焕发出新的生命力，才能使其具有吸引力和感染力。推进传统文化的市场化开发，开展景观、图形、

---

① 王彦伟、赵雅萍：《文化治理：一个治理领域抑或一种治理方式？》，《文化软实力研究》2017年第3期。

产品等设计，制作产品包装、旅游纪念品等，利用中华优秀传统文化发展文创并与现代农业、农村电商旅游相关联，形成具有地区特色与文化内涵的产业之路。只有将传统文化进行创造性转化，才能增强感染力。凭借当地独特的资源优势，充分挖掘乡村文化底蕴，打造特色文化品牌，提高乡村文化知名度，进而促进村庄发展。

第二，拓宽乡村优秀传统文化传播渠道。随着新技术革命成果不断出现，优秀文化借助新媒体网络，引发了社会各界的广泛关注，为乡村带来了经济效益，让更多人领略了乡村文化的独特魅力，满足了人们精神生活的更高需求。积极挖掘、开发乡村优秀文化，利用微信、抖音、快手等网络平台对其广泛传播，利用动漫、短视频等新技术进行多渠道、全方位传播。优秀传统文化长期的保存与发展，受到时间、空间等制约。通过虚拟空间的广泛应用，突破了优秀传统文化时间、场地限制，方便了乡村传统文化的传承，为增强传统文化的影响力提供了多种选择，提升了传统文化在现代社会的生命活力。

第三，以社会主义核心价值观为指引，创新乡村传统文化的表达方式。以接地气的方式进行表达和阐述，增强乡村文化的感染力。通过将百姓身边的好人好事改编成一种艺术化的活动，演绎村民真实的故事，使得大家在欣赏节目的同时颇受启发，更容易吸引民众的参与和关注。通过举办各种仪式，追求优良传统价值的回归，开展乡村文化活动，营造一种积极向上、乐于助人、诚实守信、遵规守法的社会氛围，以潜移默化的方式达到"以文化人"的目的。

（五）打造乡村文化人才队伍

挖掘培育乡村文化人才。乡村文化人才是乡村传统文化的传承载体，打造传统乡村文化人才队伍，可以为乡村发展注入人力和技术资源。首先，应摸清乡村社会内部的"土专家""田秀才"，注重对党政干部、教师、非遗传承人等进行吸纳，培育民间文化组织，在村庄与田野中找回文化发展的内在力量。能够唤醒乡村文化建设的主体广大农民的意识，吸引外出务工青壮年返乡创业。其次，动员基层党员干部、返乡创业的大学生等新乡贤参与乡村文化建设。同时，在组织引导和制度保障上做好安排，确保其全身心投入乡村文化建设中。最后，依托社会力量组织开展"种文化"活动。鼓励企业家、文艺创作者、志愿者队伍等积极参与，为传统乡村文化重建奠定人力基础。

（六）实施乡村传统文化教育

乡村传统文化，是乡村延续、发展的魂，是村民依存的精神之源。开展传统文化教育，是打破其代际阻隔的最佳方式。一是组织传统文化教育活动。可通过设立乡村展览馆、美术馆，构建传统文化广场等场所，制作传统文化雕塑、艺术墙画，开展传统文化学习教育活动等途径，让中华优秀传统文化浸润村民的精神世界，提升村民文化自信。二是推进优秀传统文化进中小学校园。以地域文化为特色，开设适当的传统文化相关课程，融传统文化于课堂教学，打牢传统文化知识教育基础。加大资金投入力度，建立专项活动室，筹集物资，推动诗词大会、书法比赛、传统绘画等优秀传统文化活动常态化开展，推进中华优秀传统文化在乡村中小学校园的传播。

三、弘扬乡村优秀文化的模式选择

（一）三产融合模式

第一，三产融合的内涵。"三农"领域的三产融合是"以农业为基础和依托，借助产业渗透、产业交叉和产业重组方式，通过形成新技术、新业态、新商业模式延伸农业产业链，由一产向二产和三产拓展，打造农业产业综合体和联合体，进而达到实现农业现代化、城乡发展一体化、农民增收的目的"[①]。

第二，三产融合的特点。首先，市场导向性。相较于传统农业，三产融合更要面向市场，向市场要效益。其次，创新性。通过引入新的技术、新的产业形态、新的营销与服务模式，改变农业的单一形态。再次，智慧智能。通过引入新技术，打造智慧农业、乡村旅游等。最后，文化娱乐性。三产融合更多通过农耕文明、农业农村文化的挖掘，打造体验、休闲产业。

第三，三产融合模式的启示与意义。三产融合模式最大的意义在于：首先，通过弘扬优秀传统文化，塑造内涵丰富、交叉融合、地方特色的文化新业态，使其作用于农、林、畜、副、渔等农业产业，借助文化创意引领、体验活动创造等方式实现一二三产业的有

---

① 郑风田、崔海兴、程郁：《产业融合需突破传统方式》，《农民日报》2015年9月12日。

机融合，不仅能够实现文化赋能乡村产业发展，更能为乡村治理提供文化支撑。其次，为城乡居民提供更为丰富多元的文化旅游产品，为生态教育、自然教育、艺术文化教育提供多样化的服务。最后，改变原有的耕作模式、生产模式及销售模式，延伸农业产业链，并让农民更多地享受到农业产业链增加带来的价值增值，增加农民收入，创造新型城乡关系。

第四，借鉴三产融合模式需要注意的问题。首先，要把握三产融合的系统性。无论是"文化＋一二产业""农业＋二三产业"，还是"工业＋一三产业"，都强调借助弘扬优秀文化赋能产业发展，强调通过文化要素增强其他生产要素的灵性和活力。其次，要坚持以农民为主体。融合的主体、发展的主体和利益的主体都应该以农民为主，坚持发展依靠农民，发展为了农民。再次，建立健全利益分配机制。生产经营主体不断追逐更高的利润是农村三产融合发生和发展的内在原动力，要承认并保障多元主体合理利益诉求，以共同富裕为导向，实现共赢局面。最后，壮大集体经济。在三产融合过程中，发展方向、平台搭建、土地流转、村庄内部动员、利益分配和矛盾调解都离不开乡村党组织和自治组织的参与，要承认乡村组织的贡献，以服务入股、治理入股的方式，保障集体经济组织参与利益分配的权利。

（二）乡村旅游模式

《乡村振兴促进法》明确指出："各级人民政府应当发挥农村资源和生态优势，支持特色农业、休闲农业、现代农产品加工业、乡村手工业、绿色建材、红色旅游、乡村旅游、康养和乡村物流、电子商务等乡村产业的发展。"由此可见，乡村旅游业是通过弘扬优秀文化，通过文化产业开发，实现乡村治理和乡村发展的重要路径。

在全国涌现了一批三产融合典型案例，如陕西礼泉县袁家村、河南新郑西泰山村、山东沂南县竹泉村等，都具有不同的发展路径与模式，但都是以乡村旅游为突破口，打造农民创业平台，实施"三变改革"，走出一条三产融合之路。

第一，乡村旅游模式的内涵。从弘扬优秀文化来讲，"乡村旅游是以乡村空间环境为依托，以乡村独特的生产形态、民俗风情、生活形式、乡村风光、乡村居所和乡村文化等为对象，利用城乡差异来规划设计和组合产品，集观光、游览、娱乐、休闲、度假和购物为一体的旅游形式。"[①] 其本质则是对乡村农耕方式、文化习俗、生态资源、民居文化和各类非物质文化遗产的综合开发，是以旅游文化产业、休闲文化产业、康养产业等形式呈现出来的优秀文化弘扬模式，从而实现对乡村经济、文化、生态、社会的综合治理。

第二，乡村旅游模式的特点。一是乡村民俗文化作为乡村旅游的核心，丰富了旅游产品的表现形式，提高了乡村旅游的品位；二是农民作为经营主体，呈现了农村特有的吃、喝、玩、购、住、游、娱活动，使游客体验了当地村民的生产生活方式；三是城市居民作为乡村旅游的目标游客群体，田园风光以及农村的生产生活方式满足了城市人回归淳朴乡村的愿望。

第三，乡村旅游模式的启示与意义。乡村旅游是全面推进乡村振兴、实现乡村发展的路径之一，也是综合效益较为突出的模式，不仅有利于产业结构优化，实现生态宜居目标，完善乡村治理体系，更有利于优秀文化的弘扬。乡村旅游与乡村振兴战略"产业兴旺、生态宜居、乡风文明、治理有效、生活富裕"总体要求契合度最高。首先，要树立文化自信。习近平总书记指出："我国农耕文明源远流

---

① 肖佑兴、明庆忠、李松志：《论乡村旅游的概念和类型》，《旅游科学》2001 年第 3 期。

长、博大精深，是中华优秀传统文化的根。"[①] 包括农耕文化在内的乡村文化，既是宝贵的精神文化遗产，也是重要的乡村旅游资源。高度认同优秀文化特别是优秀传统文化之于中国式现代化的特殊性，尤其是在城市现代生活日益渗透到城乡各个领域的新时代，乡村文化的稀缺性和独特性恰恰是得天独厚的优势文化。其次，要树立优势视角。不要总是以问题视角看待乡村文化，不要用西方现代化的眼光来看待传统文化，而要站在文化多样性角度重新认识和挖掘乡村文化。最后，要让文化动起来。乡村旅游的核心是体验参与，就是通过场景营造、传说故事挖掘、生产生活方式呈现，以传统乡土文化挖掘来弘扬社会主义核心价值观。

第四，借鉴乡村旅游模式需要注意的问题。首先，要充分认识到乡村文化的丰富性。乡村旅游的资源不仅包括田野风光，还包括乡村建筑、民俗、饮食、服饰、体育活动、农事活动等人文旅游资源。其次，需要深入挖掘优秀传统文化蕴含的思想观念、人文精神、道德规范，把乡村文化传承好、保护好、利用好，让乡村旅游成为培育和弘扬社会主义核心价值观的生动载体。再次，坚持差异化发展策略，避免同质性、千篇一律。又次，要防止过度开发，导致商业化气息过浓，忽略了原生态文化的魅力。最后，寻找适合自己的发展道路。在外部资金撬动型、村集体带动发展型、政府主导型等各类模式中寻找适合自己的发展路径。

（三）文化惠民工程模式

党的二十大指出："实施国家文化数字化战略，健全现代公共文

---

① 习近平：《把乡村振兴战略作为新时代"三农"工作总抓手》，《求是》2019 年第 11 期。

化服务体系，创新实施文化惠民工程。"其目标就是通过加强农村公共文化建设，健全乡村公共文化服务体系，推进公共文化资源重点向乡村倾斜。

第一，文化惠民工程模式的内涵。文化惠民工程主要是通过健全完善乡村公共文化设施网络和服务运行机制，鼓励开展形式多样的农民群众性文化活动，壮大文化事业，满足广大农民对优秀文化、先进文化需求的一项惠及全国人民、普及大众文化的工程，也是社会主义文化大发展、大繁荣的一项重大举措。主要包括广播电视村村通工程、全国文化信息资源共享工程、农村电影放映工程、农家书屋建设工程、送戏下乡工程和体育健身工程等。

第二，文化惠民工程模式的特点。首先，政府主导性，无论是政府全部买单还是文化惠民卡乃至政府购买服务模式，其背后都体现出政府主导性。其次，公益性，文化惠民工程就是政府为了满足人民群众日益增长的精神文化需求而采取的免费为民众提供的文化服务。最后，项目制，目前实施的文化惠民工程多以项目制进行，一般采取申请—审批—实施—验收等基本程序。

第三，文化惠民工程模式的启示与意义。它保障了农村居民的基本文化权益，提升了公共文化服务能力，极大地推动了农村文化建设，改善了农村公共文化设施建设，满足了基层群众在互联网时代的文化需求，实现了优秀文化信息资源的全民共享，有效地提升了城乡公共文化的服务能力。实施文化惠民工程有助于补齐农村公共文化服务的短板和不足，通过以城带乡、城乡互动提高了农村基层公共文化资源供给和服务能力，加快了公共文化服务城乡一体化发展，体现了社会主义制度集中力量办大事的制度优势。

第四，借鉴文化惠民工程模式需要注意的问题。首先，要积极争取文化惠民工程项目。依据国家、省级关于文化惠民工程的政策，积极争取上级关于文化惠民工程的项目支持和资金支持，积极拓宽资金渠道，引入社会资源投入文化惠民工程建设。其次，要积极利用设施让文化活起来。文化基础设施是"死"的，只有通过不断开展活动才能用"活"。最后，要通过文化生产合作社等方式，强化互助合作，打造一支文化志愿者队伍，开展互助式、民间式公共文化服务。

第八章
拓展乡村治理领域

拓展乡村治理领域，是有效开展驻村帮扶工作，构建共建共治共享乡村治理格局，提升乡村治理成效的核心意涵。驻村帮扶队员熟悉各类农村发展政策，具备独特的资源链接优势和创新发展能力，可以充分利用自身优势特色，从发展新型农村集体经济、营造和美乡村发展环境与创新乡村治理工作载体 3 个层面，积极搭建各类治理平台，协助加强农村经济组织建设，协调农村物质文明和精神文明建设，推动农村社会繁荣稳定，建设乡村和谐包容发展秩序。

一、发展新型农村集体经济

《中共中央国务院关于做好 2023 年全面推进乡村振兴重点工作的意见》强调，要积极发展新型农村集体经济。新型农村集体经济，不是传统"一大二公"的集体经济，而是产权明晰、成员清晰、权能完整的农村集体经济，"是一项将本集体成员集体所有财产，通过直接经营或者出资、发包、出租、出让、转让等方式实现价值增值，并以分配增值收益或者提供公共服务等方式实现集体及成员权益的活动"[①]。发展新型农村集体经济，增强乡、村两级集体经济实力，既能激活农村各类要素潜能，赋予农民更多财产权利，最大限度地盘活用好农村资源资产，巩固拓展脱贫攻坚成果，拓展乡村公共服务，也能够有效组织引领村民，促进驻村帮扶与乡村治理工作有效开展，最终实现强村与富民有效结合。创新集体所有制的有效实现形式，发展壮大农村集体经济，既是推进农业适度规模经营、优化配置农业生产要素、实现农民共同富裕、提高农村公共服务能力、有效组织引领村民、完善农村社会治理的重要举措，也是挖掘农村市场消费需求潜力、培育农村经济新增长点的重要手段，对于构建脱贫攻坚长效机制，促进乡村全面振兴具有十分重要的现实意义。

[①] 戴青兰：《农村土地产权制度变迁背景下农村集体经济的演进与发展》，《农村经济》2018年第 4 期。

（一）发展新型农村集体经济的主要内容

《中共中央国务院关于做好 2023 年全面推进乡村振兴重点工作的意见》中提出，要巩固提升农村集体产权制度改革成果，构建产权关系明晰、治理架构科学、经营方式稳健、收益分配合理的运行机制，探索资源发包、物业出租、居间服务、资产参股等多样化途径发展新型农村集体经济。

第一，创新农村集体经济组织运行机制。《中华人民共和国农村集体经济组织法（草案）》提出，农村集体经济组织，是指以土地集体所有为基础，依法代表成员集体行使所有权，实行家庭承包经营为基础、统分结合双层经营体制的地区性经济组织，包括乡镇级集体经济组织、村级集体经济组织、组级集体经济组织，不包括农村供销合作社、农村信用合作社、农民专业合作社等合作经济组织。驻村帮扶队员在协助乡村发展集体经济过程中，可以根据乡村集体经济成员结构、资产情况等，建立经济合作社或股份经济合作社。县级农业（经管）部门负责对农村集体经济组织申报审核、登记注册，并赋予统一社会信用代码。农村集体经济组织据此向有关部门办理银行开户等相关手续，开展经营管理活动。另外，发展壮大新型农村集体经济，必须厘清集体经济组织与基层政府、农村党组织和村民自治组织的角色，平衡"党务性""政务性""经济性"基层组织的关系，推动集体经济组织集体资产运营功能的实现，并纳入政府政策支持框架体系和监管体系，强化发展保障和规范监管，从制度层面规范集体经济组织的市场运营。

第二，完善新型农村集体经济产权制度。当前，发展新型农村集体经济，需要完善乡村集体产权制度体系，进一步深化集体产权制度改革，明晰集体产权主体、产权范围与成员权利，集聚集体经济各类发展要素，释放乡村集体资产股份权能，探索农村集体资产权益流转模式，发挥其潜在市场价值，提升集体经济发展活力。要以维护农村集体经济组织成员权利为目的，以推进集体经营性资产改革为重点任务，以发展股份合作等多种形式的合作与联合为导向，坚持农村土地集体所有，坚持家庭承包经营基础性地位，分类推进农村集体资源性、经营性和非经营性资产改革，积极创新改革形式和管理方式，探索集体经济新的实现形式和运行机制，为实施乡村振兴战略打好物质基础，为巩固党在农村的执政基础提供重要支撑和保障。

第三，培养新型农村集体经济发展人才。从实践看，乡村集体经济强不强，人才至关重要。所以，驻村帮扶队员可以结合乡村人才振兴工作，培养乡村集体经济发展人才，加强农村集体经济组织带头人的引进和培养，切实提升带头人综合能力素质。同时，要加强新型农村集体经济组织管理人才队伍建设，有条件的地区可以聘请职业经理人充实带头人队伍，也可以选聘熟悉农村政策、掌握农业技术、了解市场需求、善于经营管理的专家学者和知名人士，组建扶持发展壮大村级集体经济专家顾问团，提供专家咨询、技术指导、业务培训、信息推介等服务。培养造就一批熟悉市场经济规则、有专业经营管理能力的人才队伍，为新型农村集体经济发展注入新鲜血液。

第四，丰富乡村集体经济发展形态。丰富乡村集体经济发展形态，探索多样化发展途径，推行资源发包、物业出租、居间服务、资产参股等多种模式，提高集体经济收入和服务带动能力，是发展乡村集体经济、推动乡村治理有效的主要内容。驻村帮扶队员在帮扶工作中，可以积极协调帮扶村庄调整农业产业结构，在种养殖基础上，发展农产品加工业，延长产业链条，促进一二三产业融合发展。在深加工、提高产品附加值的基础上，注重建设稳定的销售市场，立足当地特色农业资源发展村集体经济，把产业作为发展村集体经济的重要渠道来源，推动形成以特色产业为主导的新型农村集体经济形式。可以协助发展厂房租赁经济，兴建物业、厂房，供租赁或发展经营实体，投资兴建农贸市场、惠民超市、经营用房，开展物业服务等，通过自主经营、发包经营、联合经营等形式，发展物业经济，增加集体收入。也可以主动对接产业链条、创办集体公司，发展股份合作，"以集体资产、财政资金或形成的资产入股、租赁等形式，引入工商资本或其他优质要素，培育新型农业经营主体，发展混合所有制经济"①，汲取产业红利，增加集体收入，因地制宜地拓展集体经济发展形态。

（二）发展新型农村集体经济的主要方式

新型农村集体经济是产权关系明晰、治理架构科学、经营方式稳健、收益分配合理的集体经济。当前，发展乡村集体经济的方式呈现出多元发展模式，但以党建引领为基础，搭建集体经济组织架构，盘活乡村集体资产，推动农村"三变"改革，依法依规进行集体资源监管，确保集体利益共建共治共享，成为乡村集体经济发展的共性要素。

第一，强化党建引领协调，撬动内生发展力量。在驻村帮扶过程中，加强乡村党组织建设，推动基层党组织引领集体经济发展，撬动集体经济发展内生力量，是一项关键工作。基层党组织需要做

---

① 高鸣、芦千文：《中国农村集体经济：70 年发展历程与启示》，《中国农村经济》2019 年第 10 期。

好组织保障工作，加强对农村集体资产的维护、管理和监督，防止集体资产出现流失和闲置。可以选取村党组织书记兼任村级集体经济组织负责人的，配强集体经济发展带头人，成立乡村集体经济组织党支部，统领乡村集体经济发展。同时，要充分发挥基层党组织的组织动员、联系群众、整合社会等重要功能。积极探索党组织领导下的社区协商制度，扩大群众的知情权、参与权、建议权和监督权，增强群众参与乡村治理的积极性。涉及乡村集体经济的具体事项，需要由村党组织、村民委员会开展协商，取得一致意见形成协商成果后组织实施。涉及利用集体经济收益开展社区公共事务、公益事业的事项，由党组织和村民委员会牵头组织开展多元主体参与的社区协商，形成一致意见，向协商主体、利益相关方和居民反馈落实情况，促进集体经济的有效发展。比如，江苏省以健全机制为抓手、培树样板为引领、富民强村为核心、现代科技为支撑，形成了党建引领、自治法治德治智治融合、村级集体经济充分发展的"1+4+1"乡村治理"江苏路径"。

第二，盘活乡村集体资产，推动农村"三变"改革。农村集体的资金、资产、资源，是乡村集体经济的重要依托，清理农村"三资"，挖掘乡村"沉睡"资源，是稳步推进集体经济发展的重要手段。通过清理农村"三资"可以为集体经济发展蓄积能量，同时有助于化解村内矛盾，增强基层组织公信力和凝聚力。在乡村集体经济发展层面，驻村帮扶队员可以充分盘活闲置土地资源，深入推进资源变资产、资金变股金、农民变股东的"三变"改革。在集体经营性资产确权到户的基础上，通过土地入股、农民入社，实现规模化、产业化经营，解决土地细碎化和资产利用率低的问题。在发展乡村集体经济过程中，要积极发展现代农业，探索发展村属企业和股份制经济，依托特色资源，推动三产融合，促进集体经济发展壮大。通过村集体经济组织领办土地合作社，集中流转村民土地，以部分土地入股龙头企业，使农民获得土地流转收益。也可以通过土地、厂房等资产入股，对长期、低价发包的集体资产，运用市场化手段重新发包，增加集体收入。

第三，依法依规进行监管，确保各方利益共享。健全农村集体资产监管体系，是保证新型农村集体经济可持续发展的关键要素。在发展乡村集体经济过程中，驻村帮扶队员要协助建立约束机制，避免集体资产为少数"代理人"所控制，损害集体利益。通过建立一定的议事规则，形成一定的内部监督机制，对集体财产进行管理和经营，实现集体财产保值和增值，并为集体成员创造公共福利。乡村集体经济收入可以实行"双代管"制度，即乡镇经管站代管村的账目和资金，加强农村财务管理，增加村集体积累，减少不合理开支。各村将现金存款、债权债务，自清自查后交镇经管站审查验收，达到账实、账款、账账、账据、账表"五相符"，交镇经管站统一管理。乡镇财政将上级奖补资金和本级预算安排资金一并纳入专账核算、专款专用。集体经济收入的运营、使用和分配，按照党支部提议、村"两委"会商议、党员大会审议、村民代表会议或村民会议决议的"四议"原则和决议公开、实施结果"两公开"原则进行，建立健全"三资"管理制度，规范"三资"经管审批程序，切实发挥村级"三资"最大效益，确保各方利益共享。

在驻村帮扶队员协助发展新型农村集体经济过程中，也面临着一些制约要素，需要各方发挥集体合力，共同谋求变革。比如，帮扶乡村地域发展不平衡，东部地区农村集体经济收入远高于西部地区，同一地区也存在重点帮扶村、试点村、模范村和普通村的发展差距，"亿元村"与"空壳村"可能同时存在。另外，一些乡村的集体经济可持续性不足，乡村经营性收入占比不高，一些资源仍在

"沉睡"、有待"唤醒"，一些对补助收入依赖性高。还有一些农村的新型集体经济发展人才储备不足，只靠一两个乡村能人进行管理，集体经济发展的内生动力不足。最后，某些农村"三资"管理不够规范。不少地方虽建立了农村集体经济组织，但对集体资产、资金、资源的管理还不够科学民主。所以，发展新型农村集体经济，既要分好"蛋糕"，更要做大"蛋糕"；既不能像过去那样"人人有、人人无份"，更不能"一分了之""吃光分净"。今后还要继续深化农村产权制度改革，赋予集体经济组织和农民对集体产权的占有、使用、收益、处置等权能，发挥市场在资源配置中的决定性作用。需要注意的是，"发展新型农村集体经济要实事求是、量力而行，应该立足自身资源禀赋、区位优势，确保严格控制集体经营风险和债务规模"①。

---

① 乔金亮：《新型农村集体经济新在哪》，《经济日报》2022 年 12 月 6 日。

二、营造和美乡村发展环境

习近平总书记在党的二十大报告中强调，"建设宜居宜业和美乡村"，为全面推进乡村振兴、加快农业农村现代化指明了方向。建设宜居宜业和美乡村是全面建设社会主义现代化国家的重要内容，和美乡村建设是新时期国家的一项重要发展战略，是物质文明和精神文明共同建设的民生事业，是包含产业、生活、文化和环境多维度的系统工程。建设宜居宜业和美乡村，其目标任务是全方位、多层次的，涉及农村生产、生活、生态各个方面，涵盖物质文明和精神文明各个领域，既包括"物"的现代化，也包括"人"的现代化。积极营造优美开放、包容和谐的乡村发展环境，振兴乡村特色产业，协助建设有活力有吸引力的就业环境，健全乡镇公共服务制度，是驻村帮扶队员在开展乡村治理工作过程中的重要着力点。驻村帮扶队员在开展乡村治理工作过程中，要积极对接乡村建设行动方案，营造良好的硬件和软件发展环境，重塑乡村生机活力，丰富村民生活品质，提升村民幸福指数，最终吸引人才回流，提升乡村治理成效。

（一）营造和美乡村发展环境的主要内容

一是持续加强基础设施建设，营造宜居善居环境。驻村帮扶队员在开展乡村治理过程中，可以从两方面协助村庄营造宜居善居生活环境。一方面要培养农民的环境保护意识，减少化肥、农药的使用，提高对秸秆、畜禽粪便等农业废弃物的利用率，避免来自城市的化工污染进入农村，修复已被破坏的农业生态系统，重视对湿地、林地的养护，强调人与自然和谐共生。继续加强农村"厕所革命"的整改提升和技术完善工作，协助乡村选对选准技术模式，切实提高改厕质量，不断提升农村人居环境质量。在加强乡村生态环境建设的同时，通过打造特色生态村落，以村寨为集体建设乡村特色小镇，将生态环境建设与旅游产业相结合，为和美乡村建设提供更广阔的发展空间。另一方面要继续稳步推进水电路气讯等公共基础设施进村到户，有序实施自然村（组）通硬化路，加强村内主干道建设，推动农村污水等人居环境设施连接到户。加快实施农产品仓储保鲜冷链物流设施建设工程，推进田头小型仓储保鲜冷链设施、产地低温直销配送中心建设，探索在产地田间形成"生产＋仓储＋保鲜＋销售"模式，提升农产品产地商品化处理能力。着力解决快递进村"最后一公里"，加快完善县、乡、村三级农村物流体系，支持农村寄递物流基础设施建设。

二是推动乡村精神文明建设，创新乡村文化环境。深入推进农村精神文明建设，是驻村帮扶队员在开展乡村治理过程中的重要任务。驻村帮扶队员要深入开展习近平新时代中国特色社会主义思想学习教育，弘扬和践行社会主义核心价值观，加强思想政治引领。拓展新时代文明实践中心建设，广泛开展文明实践志愿服务活动，探索乡村特色文化志愿服务供给模式。积极推进乡、村两级公共文化服务全覆盖，推进乡村文化设施建设，建设文化礼堂、文化广场、乡村戏台、非遗传习场所等公共文化设施。深入开展农村精神文明创建活动，持续推进农村移风易俗，健全道德评议会、红白理事会、村规民约等机制，治理高价彩礼、人情攀比、封建迷信等不良风气，逐步培养农民健康文明的生活方式。积极推广积分制、数字化等典型做法，发挥大数据、新媒体作用，实施公共数字文化工程，提升公共文化设施的数字文化服务能力，使农民群众及时便捷地获取优质数字文化资源。鼓励乡村文化传承艺人、社会团体、民间文化组织"自办文化"，塑造乡村特色文化品牌，提升乡村文化发展活力。

三是完善乡村公共服务环境，提升居民生活质量。驻村帮扶队员在开展乡村治理过程中，要协助村"两委"实施农村基本公共服务提升行动，做好普惠性、兜底性、基础性民生建设。强化县城综合服务功能，推动服务重心下移、资源下沉，采取固定设施、流动服务等方式，提高农村居民享受公共服务的可及性、便利性。在教育服务层面，要优先规划、持续改善农村义务教育学校基本办学条件，多渠道增加农村普惠性学前教育资源供给。积极链接资源，发展涉农职业教育，加强农村职业院校基础能力建设，推进乡村继续教育发展。在医疗服务方面，要协助完善基层公共卫生设施，加强乡镇卫生院设施条件建设，补齐乡村公共卫生服务短板，提升村卫生室标准化建设和健康管理水平。在养老助残服务层面，要协助落实老龄化国家战略，协助完善乡村养老助残服务设施，支持有条件的农村建立养老助残机构，培育区域性养老助残服务中心。发展农村幸福院等互助型养老，支持卫生院利用现有资源开展重度残疾人托养照护服务，提升居民生活质量。

（二）营造和美乡村发展环境的主要方式

一是强化组织引领，提升农民主体参与能力。营造乡村发展环境，是一项系统性、综合性民生工程，需要驻村帮扶队员在日常工作中，协同村"两委"加强组织领导，用足用活乡村建设政策，围绕基础设施建设、传统文化营造和公共服务供给 3 个主要内容，开展专题研究，协同推进治理。同时，营造良好的乡村发展环境，需要尊重农民群众意愿，重视农民主体地位，尊重基层的首创经验，让广大农民群众成为建设家园的主体，积极参与到乡村建设之中。优化各类乡村建设项目的实施流程，完善农民参与机制，健全乡村公共设施管护机制，打通制约农民主体作用发挥的体制机制障碍，落实乡村建设为农民而建的要求。充分发挥村民委员会、村务监督委员会、集体经济组织作用，坚持和完善"四议两公开"制度，依托村民会议、村民代表会议、村民议事会、村民理事会、村民监事会等，引导农民全程参与乡村环境建设，保障农民的知情权、参与权、监督权。在各类乡村建设项目的谋划环节，要加强农民培训和指导，组织农民议事，激发农民主动参与意愿，保障农民参与决策。在项目建设环节，鼓励村民投工投劳、就地取材开展建设，积极推广以工代赈方式，吸纳更多农村低收入群体就地就近就业。在项目管护环节，可以推行"门前三包"、受益农民认领、组建使用者协会等农民自管方式，完善农民参与乡村建设的程序和方法，提升居民的主体参与能力。

二是加大宣传力度，增强农民自觉发展意识。在营造和美乡村发展环境过程中，驻村帮扶队员要加大美丽乡村建设宣传力度，通过多种形式推广好的经验做法，广泛宣传美丽乡村建设当中涌现出的新典型，营造全社会参与美丽乡村建设的良好氛围。要充分发挥农村基层党组织的战斗堡垒和党员先锋模范作用，组织引导制定好村规民约，积极采纳党员代表和村民代表的合理意见，激发和调动农民群众参与乡村环境建设的热情，提升农民整体素质。通过和美乡村建设，把文明、生态的理念渗透到农民生产生活各个方面。也可以开展美丽乡村建设帮扶及帮建活动，动员和发动各级干部深入农户家中了解民情民意，帮助村民解决实际问题，在互动中增强农民自觉发展意识。

三是坚持社区为本，规范各类乡村建设规划。营造优美、和谐、包容、有活力的乡村发展环境，需要合理的规划作为指导，驻村帮扶队员在协助乡村发展过程中，要因点施策，因地制宜，顶层设计，统筹规划，分类指导，突出地方特色、保持当地田园风貌，防止"千村一面"，切实做到先规划后建设、不规划不建设。遵循以人为本、因地制宜的原则，注重保护、挖掘和传承乡村的自然、历史、文化、民俗等特色资源和优秀传统建筑文化，突出地域特色、民族特色和时代特色。分期分步做好示范点、示范村庄的综合规划，强化规划的整体性、前瞻性和系统性，统筹兼顾示范点与村镇、人文特色与产业发展、公共事业与土地利用总体规划的关系，科学确定建设内容、建设任务、建设方案、投资规模，有计划、有步骤、分阶段、分层次推进，促进人与自然和谐发展，营造"留住乡亲、守住乡土、记住乡愁"的乡村环境氛围。

四是发动多方参与，实现环境共建共治共享。营造乡村发展环境不是政府单方面的事，而应是由政府、市场组织、社会组织、社会公众多主体协同互动的行动系统。各类乡村振兴企业和社会组织能够敏感、迅速地感应到弱势群体的特殊需求，并有效链接组织各类社会资源对其进行回应，能够让村民有更多机会融入市场体系之中，提升农民的生产、经营和销售能力，搭建更多的社会支持网络，增强村民的实质性获得感。驻村帮扶队员要协同组织各类社会力量，准确定位乡村村民，尤其是弱势群体的发展需求，并通过专业的服务方法和介入策略，实现居民发展需求和社会资源的有效对接。组织协调各类社会力量通过对乡村经济、医疗、教育、文化等多方资源的链接，弥补政府在人力、物力和专业方面的不足，提高各类乡村发展政策的实效性，实现环境共建共治共享。

三、创新乡村治理工作载体

有效创新治理工作载体，既能有效回应村民期盼，满足人民日益增长的美好生活需要，也能丰富乡村治理方式，提高驻村帮扶成效。更重要的是能够改善村民与驻村帮扶队员、村"两委"的关系，密切党群干群关系，增强农村基层党组织的凝聚力和战斗力，充分巩固党在农村的执政基础。驻村帮扶队员在开展乡村治理过程中，需要不断创新治理工作载体，丰富乡村治理技巧，搭建政府治理策略与村民实际需求的沟通平台，切实满足人民群众对公平、法治、文化、安全、环境等各方面的需要。在工作过程中，要注重以人为本，提升治理组织、政策法规和方式方法的针对性、有效性。

（一）创新治理工作载体的主要内容

第一，开展精准民生服务，关爱特殊群体生产生活。驻村帮扶队员在乡村治理过程中，可以围绕提升困难群众生活保障，巩固脱贫攻坚成果同乡村振兴有效衔接这一工作载体开展工作。要加强对农村困境儿童、老年人以及残疾人的关爱服务，支持发展农村普惠型养老服务和互助型养老。要推动建立帮扶困难群众的快速响应机制，明确驻村帮扶队员和村"两委"责任，将走访、发现、救助困难群众列为村组织和驻村工作人员的重要内容，加强对农村"空巢"

老人、留守老人、困境儿童、事实无人抚养儿童的信息动态管理和定期探访，掌握基本情况，防范化解民生风险隐患。对刚性支出较大导致生活出现严重困难的低收入农户，可以帮助其申请获取专项救助或是其他救助。同时，要积极关怀和建立残疾人跟踪访视机制，实现残疾人返贫致贫早发现。及时了解掌握困难家庭的基本生活及受自然灾害、意外事件等突发变故产生返贫致贫风险等情况，并纳入防止返贫监测和帮扶机制。同时，要摸清有劳动能力和就业意愿的残疾人、老年人底数，用好村庄现有的和新开发的公益性岗位，为残疾人、老年人送政策、送信息、送岗位、送服务，支持低收入人群参与帮扶项目和乡村建设。

第二，积极化解基层各类矛盾，改善乡村社会关系。驻村帮扶队员在乡村治理过程中，要积极开展政策引导、组织引导和思想引导，强化党员管理，发挥组织带头人作用，协助修订完善村规民约，创新议事协商机制，善用积分制度，以先进模范激励人、以文明新风引导人、以红色精神涵养人，广泛开展晒家风家训，夯实文化阵地建设，强化文化宣传教育，在优秀传统文化宣传和社会主义核心价值观践行过程中，积极化解基层各类矛盾，提升农村群众的精神文化生活质量。积极建设农家书屋，开展文艺演出，通过各类文化惠民行动，从"送文化"转到"种文化"，提升乡村公共文化服务水平，丰富农村群众的精神文化生活，有效提振村民精气神、孕育乡村社会好风尚。

第三，搭建创业就业平台，协助开展人才引育。提升农村居民生计的稳定性和可持续性，解决相对弱势群体的就业问题，让村民们无后顾之忧，能够享受与城市居民一样的高质量生活条件、教育条件和医疗条件，是驻村帮扶队员和基层干部努力的方向。驻村帮扶队员一要立足乡村既有特色资源，发掘乡村多元价值，促进乡村特色农产品、乡村休闲旅游和农村电商等新业态的发展，为村民创造更多的就业机会。二要积极实施农村创业创新带头人培育行动，落实创业扶持政策，建设一批返乡入乡创业园、农村创业孵化实训基地，以创业带动就业。三要积极发展高标准农田建设、重大水利设施建设、农村人居环境整治、农业面源污染治理等项目，吸纳更多返乡农民工参与建设，实现就近就业增收。四要大力发展家政服务、物流配送、养老托育等服务业，为农民和返乡农民工创造更多的就业机会。五要积极利用人才引进政策，鼓励人才以资金、技术和科技成果等入股乡村产业项目，为乡村产业人才免费提供学习进修、培训的机会，吸引人才下乡返乡，为乡村发展带来社会资源、生产技术和管理经验，为推动乡村振兴提供有力的人才支撑。

（二）创新治理工作载体的主要方式

一是夯实平台，提升乡村规范化治理能力。在乡村治理过程中，驻村帮扶队员要协助基层政府夯实不同层级的综合治理平台，协助建设县、乡、村三级综合治理中心，对各类乡村治理事务进行提前预判、协调调度、综合分析、精准治理。驻村帮扶队员要与村"两委"共同下沉乡村，开展走访调研，为乡村发展把脉，查找不足、分析原因、找准对策，精准指导推进各项任务落实，推动重点工作联动、矛盾纠纷联调、社会治安联防、突出问题联治的社会治理闭环管理。同时，要建好乡村振兴"议事厅""会客厅""说事室""理事会"等乡村治理载体，引导群众自治自议、向上向善，使基层治理形成"一池活水"，充满生机。另外，要引导村"两委"成员和社区网格员学习各类数据统计和网络信息知识，在综合治理平台上，定期对社情、警情、信访问题进行梳理分析，对突出的问题开展集中整治，提升乡村规范化治理能力。

二是健全机制，提升多主体治理组织效率。在乡村治理过程中，驻村帮扶队员要协助村"两委"建立健全党委领导、政府负责、民主协商、社会协同、公众参与的现代乡村社会治理机制。一方面，要依托基层党组织、网格员、联户长（巷长），通过各类激励机制，全面调动基层群众主动参与乡村治理的积极性。充分利用网格员、联户长人熟、地熟、情况熟的优势，加大政策宣传力度，做好信息采集、民意收集、安全排查、邻里团结、环境保护等具体工作，有力提升乡村治理成效。另一方面，要积极链接资源，培育乡村公益慈善、扶老助困、志愿服务、文化娱乐等自治组织，引入热心企业、专业社会工作机构等社会力量参与乡村治理工作，让服务群众和乡村治理不再是政府一家唱"独角戏"。最关键的是要充分组织动员群众主体参与。通过党建引领，搭建"众人来商量"协商议事平台，发动群众"共谋、共建、共管、共评、共享"，推行"代表群众选、项目代表定、建设群众帮、建后大家管"的工作手法，充分保障农民的知情权、参与权、监督权，做到驻村帮扶干部和群众想在一起、谋在一起、干在一起，让人民群众的力量成为乡村治理的持久动力。

三是延伸路径，提升乡村精细化治理成效。在乡村治理过程中，驻村帮扶队员要积极协助村"两委"利用"清单制""积分制"等方式，延伸治理路径，丰富治理内容，提升乡村精细化治理成效。一方面，围绕村级组织所承担的党建引领、村级事务、公共服务、村民行为等事项，建立"小微权力"清单、村级事务清单、公共服务清单等，明确实施主体、内容、流程等细节，做到干部会依规履责、群众能按章办事。将基层治理服务事项以及群众关心关注的事务编入清单，以流程图形式编制操作流程，明确办理要求，建立监督评价机制，进一步厘清不同主体的权责边界，规范权力运行，切实减轻村级组织负担，提高乡村治理效能。另一方面，在将乡村党组织建设、思想文化建设、平安法治建设、民族团结建设等方面纳入清单基础上，要将清单中的每一项工作分配专项负责人和一定数额的积分，根据工作开展成效为相关负责人加减积分。可以将积分设置为总积分、基础分、奖励分，扣分从基础分中扣除，基础分不足可用奖励分进行补分，奖励分可用于兑换物质奖励。可以协助村"两委"配套定点设置积分超市，打造积分墙、清单墙和制作积分专用档案袋，对积分情况进行上墙和存档，以积分记录美丑，以积分兑换奖励，形成较为完善的监督评价机制，激发农村群众参与乡村治理的内生动力。

四是创新活动，提升乡村社会化治理活力。在乡村治理过程中，驻村帮扶队员可以协助完善村规民约，借助新时代文明实践中心、乡贤理事会、道德讲堂、村民之家等平台，积极链接志愿服务力量，持续开展"孝老敬亲""身边好人""最美邻居"等活动，形成"有事一起干、好坏大家评、事事有人管"的乡村治理新格局。通过树立和宣传先进典型，充分发挥示范引领作用，使村民在对典型的可亲、可敬、可学、可比中收获感动，见诸行动，形成邻里互助、互帮互学、共同进步的文明风尚。同时，要完善农村现代公共文化服务体系，依托村级文化广场、农家书屋、文化馆、图书馆等平台，以创建文明乡风为主线，以家庭教育为突破口，深入开展"家规家训＋"等主题实践活动，形成了"人立言、家立规、族立训、村立约"的乡村治理模式，让居民在参与中提升素质，化解矛盾，提升乡村社会化治理活力。

五是技术创新，提升乡村信息化治理质量。首先，在乡村治理过程中，驻村帮扶队员可以积极链接资源，通过数字技术普及，推动信息进村入户，积极开展远程教育、线上诊疗，推进场馆数字化，实现基本公共服务资源"飞入寻常村民家"。积极推动"互联网＋政务服务"向农村延伸，让数据多跑路，农民少跑腿，实现治理数字化。其次，可以推动村务、财务网上公开，通过微信群、村村享、腾讯为村等乡村治理平台，拓宽村民参与村级事务的渠道，在数字技术搭建的"桥梁"上，实现村务信息的双向传输互动。最后，通过完善乡村综合治理信息平台，建设农村智慧应急管理体系，实现乡村安全智能化防控全覆盖，健全数据信息的县乡村联动、反馈和响应机制，提升乡村信息化治理质量。

第九章
创新乡村治理机制

党的二十大指出，完善社会治理体系，健全共建共治共享的社会治理制度，提升社会治理效能，畅通和规范群众诉求表达、利益协调、权益保障通道，建设人人有责、人人尽责、人人享有的社会治理共同体。创新乡村治理机制需要始终坚持党的全面领导，围绕"健全共建共治共享的社会治理制度"进行乡村治理方面的创新创造。立足于驻村帮扶机制的建设，结合乡村治理"三治融合"模式，引入现代数字技术和智能技术实现"乡村智治"，构建乡村治理的长效机制。

一、创新乡村治理机制的内涵和政策要求

创新乡村治理不仅是一个紧迫的现实问题，也是一个重大的理论问题。创新乡村治理是指乡村治理核心要素或内涵方面发生重要变革或变化的过程，有助于新时代全面建成小康社会战略、乡村振兴战略的全面推进。

（一）创新乡村治理机制的内涵

中国特色社会主义进入新时代之后，创新乡村治理机制可以从治理目标、治理方式、治理体系与治理效能方面来理解，进一步理解在乡村社会发生变迁过程中创新乡村治理机制的内涵。

进入新时代，我国社会的主要矛盾已经由人民日益增长的物质文化需要同落后的社会生产之间的矛盾转化为人民日益增长的美好生活需要和不平衡不充分的发展之间的矛盾。乡村社会在我国社会发展过程中处在落后阶段，各种不平衡不充分的矛盾问题显得更为明显。创新乡村治理首先需要在治理目标方面进行转变，乡村治理需要从解决农村居民温饱问题向促进乡村振兴战略以及共同富裕目标的实现进行转变。从乡村治理的具体内容来看，可以从乡村振兴战略的"产业兴旺、生态宜居、乡风文明、治理有效、生活富裕"五大方面入手，切实把乡村社会的经济发展、生态保护、文化振兴、

秩序维护以及社会生活等问题作为主要的治理目标。

面对乡村社会出现的新问题、新情况，乡村治理方式需要创新，以便应对乡村社会所出现的各种变化。习近平总书记指出，要加强和创新乡村治理，建立健全党委领导、政府负责、社会协同、公众参与、法治保障的现代乡村社会治理体制，健全自治、法治、德治相结合的乡村治理体系，让农村社会既充满活力又和谐有序。乡村社会中的村庄自治力量依然在实践中发挥着重要功能，是实现新时代乡村治理目标的治理基础。此外，随着国家法治建设的不断健全，"送法下乡"变得越来越普遍，乡村社会的法治基础和法治手段不断增强。基于自治、德治、法治"三治融合"的治理机制已经成为新时代乡村治理的主要方式，逐步形成源头治理、整体治理、全面治理与精准治理等多种方式共治的机制。

随着乡村社会方方面面的变化，乡村治理体系在新的阶段也发生了重要的转变，进行了一系列的创新创造，以期更好地符合当前乡村社会的特点。从乡村治理体系的创新方面来分析，主要体现在国家与社会、市场与政府、干部与群众、中央与地方等方面的相互关系与作用方式上。新时代乡村治理始终需要坚持以党的全面领导为核心，以各级政府实践为主导力量，构建市场、社会、村民等多元主体共同参与的乡村治理体系。在党和政府的领导下，形成多元主体共同治理乡村社会，更好地提升乡村治理体系，促进共建共治共享的乡村治理新格局的形成，建设人人有责、人人尽责、人人享有的社会治理共同体。

新时代创新乡村治理机制还体现在治理效能方面。以党委、政府为核心的新时代乡村治理机制的形成，促进了乡村共治体制机制的不断完善，有助于乡村基层治理能力的提升。在乡村社会发生较大转变，乡村社会秩序治理难度不断加大的背景下，乡村治理机制的创新，促进了新阶段乡村治理对社会结构、社会关系、乡村秩序、地方文化等方面的有效维护。乡村治理机制的创新，也充分调整了现有的各类资源，在乡村社会内部形成了村民自治、多主体共同参与治理模式，进一步发挥了村民的主体性作用，提高了乡村社会的整体治理水平。

（二）创新乡村治理机制的政策要求

从政策层面来分析乡村治理机制的创新，能够看出"自上而下"的政策推动力使乡村治理发生了哪些变化，以及治理机制变化背后所蕴含的实践逻辑。通过政策内容的梳理，我们可以进一步掌握从国家层面出发对乡村治理机制创新的要求与变化，更好地了解国家政策对乡村治理机制的影响。

党的十八大以来，面对乡村社会的较大变化，乡村治理进行不断的创新与创造，构建起党委、政府、市场、社会等多元主体参与的乡村治理机制。推进乡村治理机制的创新创造，是国家治理体系和治理能力现代化的重要内容，需要从总体治理层面出发来考虑乡村治理现代化的现实情况。2014 年，中共中央、国务院联合下发《关于全面深化农村改革加快推进农业现代化的若干意见》，明确提出"改善乡村治理机制"。由于整体经济社会发展处在转型期，农村改革发展面临环境更加复杂、困难挑战增多等难题，乡村治理机制需要进一步创新与改善。具体明确，一是加强农村基层党的建设，二是健全基层民主制度，三是创新基层管理服务。2017 年，党的十九大明确提出实施乡村振兴战略，对于乡村治理需要"加强农村基层基础工作，健全自治、法治、德治相结合的乡村治理体系"。具体要求，在新形势下，基于依法治国的整体社会背景，充分结合乡村社会的特点，传承乡村社会优良的思想道德文化，充分发挥村民自治力量，促进乡村治理体系的现代化。2019 年，党的十九届四中全会通过的《中共中央关于坚持和完善中国特色社会主义制度推进国家治理体系和治理能力现代化若干重大问题的决定》指出，社会治理是国家治理的重要方面，明确必须加强和创新社会治理，完善党委领导、政府负责、民主协调、社会协同、公众参与、法治保障、科技支撑的社会治理体系，建设人人有责、人人尽责、人人享有的社会治理共同体，确保人民安居乐业、社会安定有序，建设更高水平的平安中国。2021 年，《乡村振兴促进法》规定，地方各级人民政府应当构建简约高效的基层管理体制，科学设置乡镇机构，加强乡村干部培训，健全农村基层服务体系，夯实乡村治理基础。乡镇人民政府应当指导和支持农村基层群众性自治组织规范化、制度化建设，健全村民委员会民主决策机制和村务公开制度，增强村民自我管理、自我教育、自我服务、自我监督能力。党的二十大提出，积极发展基层民主，健全基层党组织领导的基层群众自治机制，完善基层直接民主制度体系和工作体系。加快建设法治社会，弘扬社会主义法治精神，传承中华优秀传统法律文化，引导全体人民做社会主义法治的忠实崇尚者、自觉遵守者、坚定捍卫者，努力使尊法学法守法用法在全社会蔚然成风。《中共中央国务院关于做好2023 年全面推进乡村振兴重点工作的意见》指出，提升乡村治理效能，坚持和发展新时代"枫桥经验"，完善社会矛盾纠纷多元预防调处化解机制。完善网格化管理、精细化服务、信息化支撑的基层治理平台。完善推广积分制、清单制、数字化、接诉即办等务实管用的治理方式。深化乡村治理体系建设试点，组织开展全国乡村治理示范村镇创建。

总体上看，党的十八大以来，乡村治理机制发生了一系列新的变化。从乡村治理的政策维度来分析，乡村治理需要具备多元主体参与、治理手段多样化以及治理效能不断提升等特点，需要多方面的均衡与统一。基于乡村治理政策的要求，乡村治理机制需要不断地创新创造，健全自治、法治、德治相结合的乡村治理体系，形成人人有责、人人尽责、人人享有的社会治理共同体。

二、乡村治理的制度创新

2023 年中央一号文件指出，强化农村基层党组织政治功能和组织功能，突出大抓基层的鲜明导向，强化县级党委抓乡促村责任，深入推进抓党建促乡村振兴。全面培训提高乡镇、村班子领导乡村振兴能力。派强用好驻村第一书记和工作队，强化派出单位联村帮扶。

（一）乡村治理党的领导体制

立足于驻村帮扶方式，创新现有党组织在乡村治理过程中的管理体制，构建党委领导、党政统筹的乡村治理管理体制，这是基层党建创新乡村治理的重要路径。

一是从乡村治理的横向维度来分析，党组织需要对"两新"组织等新的治理主体进行有效吸纳，推进党组织网络对新兴乡村治理主体的覆盖。随着现代乡村社会问题变得越来越复杂，乡村治理需要新的治理方式和治理主体融入乡村治理过程，各类新型乡村治理主体也随之产生。通过驻村帮扶机制，强化村党组织建设和党全面领导乡村治理工作，及时吸纳各类乡村治理"两新"组织，进行全面的、系统的、整体的领导。所以，党组织囊括了所有的乡村治理主体与组织，有助于乡村治理横向网络的不断扩张，强化现代乡村治理领域的扩展与治理手段的创新。

二是从乡村治理的纵向维度来分析，党组织需要嵌入现有村庄的各类组织之中，实现党组织对乡村社会纵向到底的全覆盖。在现代乡村社会发展过程中，因外部经济社会状况的变化，村庄组织的层级也变得更加多样，从村庄到家庭层面之间出现了更多层级的划分。在驻村第一书记的带领下，党组织需要深入每一个层级组织内部进行全面领导，促成乡村社会纵向治理网络的重构。基于党组织纵向到底的乡村治理管理体制的建设，能够有效改变以往乡村治理体制不完善的局面，也进一步促进了党委领导、党政统筹乡村治理管理体制的创新。

横向到边、纵向到底的党建统领乡村治理创新，本质上是以乡村善治为总目标的治理方式，不仅扩大了乡村治理主体范围，还有效地深入乡村治理结构内部推进治理方式与治理手段的转变。

（二）党委领导、党政统筹的管理体制

在新时代下，我国社会的主要矛盾已经转变为人民日益增长的美好生活需要和不平衡不充分的发展之间的矛盾。在党的全面领导下，有效利用驻村帮扶机制，发挥驻村第一书记的作用，促使乡村治理体制因时代变化的需求进行创新与改变，更好地服务于当地村民，提高乡村生活质量。

新时代乡村社会出现了劳动力外流、村落规范失效、治理方式僵化等治理困境，为了转变此类状况，必须采用体制机制创新的方法来推进乡村治理体系与治理能力的现代化。村民自治一直以来都是乡村治理的主要方式，但由于各类新问题、新情况的出现，乡村治理需要引入现代法治手段来应对乡村治理的部分问题，加之以传

统文化为核心的德治方式在乡村社会依然能够发挥效用，形成了自治、法治、德治相结合的"三治融合"模式。自治、法治、德治相结合的乡村治理体制机制的创新，有助于改变原有乡村治理失效的困境。

基于"三治融合"治理模式，部分地区开始探索引入智治手段，实现自治、法治、德治、智治相结合的"四治融合"，利用智能技术应对各类乡村治理难题。采用"四治融合"治理模式依靠农村基层党组织引领社会治理的优势，顺应农村信息化发展趋势，推进乡村治理体系和治理能力的现代化。

（三）党建引领的社会参与制度

党建引领的乡村治理机制必须依靠完善的社会参与制度的建设。基层党组织需要依托村民议事会以及协商组织，通过协商民主的方式来实现党对乡村治理的引领作用，并进一步促进村庄协商治理机制的建设。

在乡村治理过程中，驻村帮扶干部应充分利用村民自治的治理机制，建立广泛、有效的社会参与制度，让更多的村民能够参与乡村治理过程，确保村民的表达权、决策权与参与权。在此基础上，以村民自治为核心的乡村治理体系也需要不断地创新创造，始终发挥农民作为主体的作用，提高乡村治理的整体实力。此外，乡村治理的社会参与制度还包括各类市场、社会组织等主体参与乡村治理，充分发挥市场的资源配置效能，以及社会组织在乡村治理中的专业能力。基于驻村帮扶机制的建设和功能的发挥，在政府、公众、市场、社会组织等多元主体共同参与乡村治理机制中，利用各类现代数字技术推进乡村治理体系和治理能力的现代化。

三、乡村治理创新的实践路径

（一）"三治融合"治理模式的创新实践

自治、法治、德治相结合的乡村治理体系是基层治理体系和治理能力现代化的重要组成部分。通过"三治融合"治理模式来推动乡村的有效治理，有助于实现多元主体共同参与治理、共同应对乡村社会各类问题与矛盾，助力乡村振兴战略和共同富裕目标的实现。进入新时代，乡村治理面临着人口外流、乡村社会结构改变、社会矛盾纠纷增加等问题，自治、法治、德治相结合的乡村治理方式越来越成为乡村有效治理的手段，需要政府、村民、市场、社会等主体共同参与。

在"三治融合"乡村治理过程中，各主体首先要转变治理理念。一方面，驻村帮扶干部作为政府的"代理人"和村庄的"当家人"，在"三治融合"乡村治理过程中需要尽快树立起正确的理念。现代乡村社会面临着传统与现代、普遍与特殊、共性与个性并存的局面，难以用乡土社会时期的乡村治理手段来应对所有问题。驻村帮扶干部在应对乡村公共事务问题时，需要充分结合自治、法治、德治3种手段，以最经济有效的办法来予以应对。另一方面，要推进"三治融合"乡村治理模式的实施，加强驻村帮扶干部对村民的引领、示范和教育，促使广大村民树立起"三治融合"的理念，加强对村庄公共事务的关注。在乡村治理过程中，村民需要具备相应的公共意识和公共精神，关注乡村治理的具体内容。基于"三治融合"的乡村治理模式，村民应在乡村法治的背景下，发挥村民自治的力量，结合乡村伦理道德的力量来助力乡村治理。每一位村民都要自觉履行相应的法律义务和社会责任，自觉地把相应的义务转化为自身的行动，并对其他村民的不合理行为进行制止。

在"三治融合"理念的指引下促进乡村治理行动的开展。一是积极培育村民参与"三治融合"的行动，首要的就是需要建立有效的村民参与机制。村民参与"三治融合"乡村治理模式，需要畅通村民利益诉求的通道，驻村帮扶干部应在符合法治要求的前提条件下，建立一个完善、有效的村民参与的规范化、制度化、系统化的参与机制。利用村民代表会议、村民议事会、户主大会、道德评审团等方式来表达村民自身的利益诉求，以村民自治的方式参与"三治融合"的乡村治理过程。多元主体共同参与乡村治理过程中，村民在乡村法治的框架下，利用自治、法治和德治相结合的手段来应对各类村庄公共事务治理问题，提高乡村治理的整体水平。二是探索其他经济组织和社会组织的参与方式。此类组织通过承接政府项目方式参与乡村治理，能够为乡村治理提供专业、高效的社会治理服务，提高"三治融合"治理模式的整体治理水平。通过此类组织的有效协调与沟通，有助于促进乡村社会内部各类分散的社会治理力量凝聚起来，进一步提高各治理主体参与"三治融合"治理模式的积极性。

以党的领导促进"三治融合"制度体系的建设，是实现乡村振兴战略中乡村治理有效的必经之路。通过驻村帮扶机制的实施，配强用好驻村帮扶干部，促进乡村治理能力的提升，健全村民自治制度体系，推进乡村"三治融合"治理机制的创新。基层党组织是"三治融合"乡村治理模式的领导核心，通过党组织的政治引导、思想统一和组织领导来有效组织村民参与乡村治理，利用多元化的乡村治理手段实现乡村善治的目标。村级组织作为村民自治的重要代表，需要有效地保障村民在乡村治理中的权利，充分发挥村民在乡村治理过程中的主体作用。健全乡村法治治理制度，构建乡村"三治融合"的法治框架。加强乡村法律服务设施和服务体系的建设，提高乡村法治服务的整体水平。从村民的实际需求出发，提供乡村法律援助服务，重视乡村干部和村民法律培训，提高基层干部依法解决群众实际问题的能力，鼓励村民运用法律来应对各类现实问题。健全德治制度体系，培育乡村"三治融合"的道德基础。传承中华民族优秀传统文化，将传统文化与新时代社会特征有机结合起来，形成符合现代乡村社会的道德标准和道德评判依据。加强村规民约的修订工作，以符合村庄的现实情况，进一步提高伦理道德力量在乡村"三治融合"治理模式中的作用。

（二）长效乡村治理机制的实践探索

进入新时代，乡村治理机制建设面临着多方面的困境与问题，尤其是乡村治理的长效机制建设始终是乡村治理过程中需要特别关注的问题。乡村治理长效机制的建设是推进乡村治理有效和农村社会长治久安的重要基础，也是形成共建共治共享社会治理格局的重要保证。

乡村治理长效机制的建设首先需要制度的保障。结合乡村社会的特点，驻村帮扶干部需要组织乡村干部制定符合当地村民生产生活需求的村民自治制度，促进乡村社会内生性力量的培育与发展，持续、稳定地推进乡村治理机制的建设。强化村庄议事程序的建设，明确村民议事内容，强化村民对公共物品的需求、村庄内部的议事程序、村民参与村庄治理过程等方面的制度建设。驻村帮扶干部应组织村民修改、完善村规民约，建设村民合作规则，村民需要自主地决定村规民约的范围、形式与内容，以及违反村规民约的具体惩罚方式与手段，真正实现村民自治的治理目标。以村庄制度规范的形式来引导村民改变不良的生活习惯和生活作风，以村民之间的道德规范约束与影响来改善乡村治理机制，促进乡村治理体系和治理能力的现代化。

从乡村治理长效机制建设的情况来看，理念的树立是重要的起点。只有把乡村长效治理理念融入乡村治理过程中，才能够在全社会范围内推进乡村治理长效机制的建设。驻村帮扶干部要树立长效治理的理念。驻村帮扶干部在乡村治理中发挥着领导者与组织者的作用，带领乡村干部和村民开展乡村治理实践工作，需要从乡村社会持续发展的视角进行治理与建设。驻村帮扶干部长效治理理念的树立，需要确保从维护当地村民利益和促进乡村社会长治久安的角度来考虑，切实把乡村长效治理融入乡村社会发展过程中，实现乡村社会的持久稳定。在乡村长效治理机制建设过程中，驻村帮扶干部应引导村民参与乡村治理，充分发挥村民的主体作用，有效地推进乡村治理工作的顺利开展。通过多种途径来培育村民乡村长效治理理念，让每一位村民都能够把乡村社会的持久发展作为自身的一份责任。在乡村社会内部，驻村帮扶干部可以尝试引入或组建一些村庄社会组织，利用社会组织的动员、激励与组织方式来促进村民长效治理理念的树立，利用各类组织活动来有效地转变当地村民治理乡村的理念。

从乡村长效治理机制建设的内涵来分析，充分发挥村庄内生性力量是推进乡村治理长效、稳定地开展的核心要素，也是保持乡村治理活力与生命力的重要保证。第一，发挥驻村帮扶干部开展乡村治理的动员与组织效用，推进乡村长效治理机制的有序建设。驻村帮扶干部作为上级组织派出的干部，在村庄中具有一定的个人权威与社会影响力，能够整合各类社会资源来化解社会矛盾与纠纷，更好地促进乡村治理工作的有序开展。同时，驻村帮扶干部在村庄内外具有广泛的社会关系和政策资源，有助于利用社会关系和政策优势应对乡村治理过程中的各类问题，动员更多的村民参与乡村治理，推动乡村治理长效机制的建设。第二，形成村庄内部长效治理的组织队伍，促进乡村长效治理工作的稳步开展。乡村治理长效机制的建设，有赖于村庄内部长效治理组织队伍的建设。村民自治作为乡村治理的重要组成部分，是实现乡村长效治理的核心力量。村民自治的有效开展，需要通过结合乡村社会和当地村民的特点来组建一些村庄社会组织来发挥效用。在乡村治理过程中，可以有效利用现有的各类村庄社会组织来参与乡村治理工作，例如，通过广场舞趣缘团体动员内部成员参与农村生活垃圾分类等。第三，促进当地村民积极主动地参与乡村治理，树立自觉的乡村治理理念。乡村长效治理机制的建设，最终要依赖广大村民，依靠他们积极地参与各类村庄公共事务治理。让广大村民树立自觉的治理理念，践行自觉的治理行为是推进普通村民积极参与乡村治理的前提条件与重要基础。这就需要在日常乡村治理过程中，驻村帮扶干部重视村民的表达权、参与权与监督权的保障，建立合理的决策、参与和监督机制，鼓励村民全过程参与乡村治理。基于乡村治理全过程参与机制的构建，逐步引导更多的村民能在乡村治理过程中发挥作用，以村庄主人翁的意识参与乡村治理。

（三）乡村智慧治理体系的构建途径

随着数字技术、人工智能、大数据技术的蓬勃发展，乡村智慧治理逐渐成为新时代乡村治理的重要手段。在驻村帮扶机制的引领下，驻村帮扶干部通过"外引内培"方式建设乡村智慧治理体系，对治理主体、治理信息和治理对象进行有效整合，利用现代技术推进乡村经济的可持续发展、社会大局的安定有序以及农民生活品质的不断提升，最终实现乡村振兴战略中的"治理有效"目标。

随着乡村智慧治理手段纳入乡村治理过程，在"三治融合"基础上推进"四治融合"创新，驻村帮扶干部应综合利用各类资源和渠道加强对乡村智慧治理手段的甄别，在前期就做好相应的设计与引入工作。乡村智慧治理能力的建设需要引入各类智慧治理平台，打造各类智慧治理场景，整体性、系统化地推进智慧治理，使其在乡村社会内部发挥效用。但乡村智慧治理始终需要围绕"人"来展开，尤其是需要与乡村社会中的个体需求相结合，更好地服务当地村民开展各类日常治理工作。乡村智治需与乡村社会的社会结构、社会关系、地方文化等相契合，根据乡村社会发展的特点进行设计与规划，以此来提高乡村智慧治理与乡村社会的契合度，真正实现乡村智慧治理服务于当地村民生产生活的目标。

乡村智慧治理的设计与规划要符合乡村社会的物理空间特点。乡村社会的存在依托于物理空间载体，要与具体的建筑、道路、树木等元素保持一致。驻村帮扶干部应加强乡村智慧治理前期设计和规划的本土性、落地性和实用性审查，提高乡村智慧治理体系建设的整体水平。随着乡村智慧治理的引入，各类数字技术、人工智能、大数据的应用更加需要各类数字平台依托，同时需要加强智慧治理与乡村社会所处的物理空间的有机融合，否则，容易出现乡村智慧治理名不副实的情况。

乡村智慧治理在乡村社会的推广和使用，其重要的功能就是通过不断拓展平台的应用场景完善乡村治理的功能，例如公共服务、环境治理、突发事件应对等，拓展乡村治理平台应用场景，也是完善社会治理体系，健全共建共治共享的社会治理制度，能够更好地提升社会治理效能，推动建设人人有责、人人尽责、人人享有的社会治理共同体。在智慧治理机制引入乡村社会之时，驻村帮扶干部需对现有的制度规则进行变革，以更好地推进乡村治理平台场景的拓展与延伸。利用乡村智慧治理平台场景让更多村民共享治理成效，这也是乡村智慧治理在乡村振兴战略和共同富裕目标指引下的核心内容。推进乡村治理平台与乡村的经济、政治、社会、文化等方面高度融合，以此满足更多主体的多元化需求。

第十章
驻村帮扶评价体系建设

提升驻村帮扶的效果需要建立科学的评价体系，而科学的评价体系需要以目标为导向，既要评价驻村帮扶的过程，也要评价驻村帮扶的效果。

一、评价体系建设的基本原则

2023 年中央一号文件指出要稳定完善帮扶政策。驻村帮扶作为脱贫攻坚期一项行之有效的政策设计，对打赢脱贫攻坚战作出了巨大贡献。构建驻村帮扶目标导向评价体系，既能够有效检验驻村帮扶的工作成效，也能继续运用脱贫攻坚期形成的选派驻村第一书记和工作队的重要经验，助力巩固拓展脱贫攻坚成果有效衔接乡村振兴。为落实驻村帮扶工作，各省（区、市）乃至县均出台了相应的管理办法，明确驻村帮扶工作任务和内容，在关于驻村工作队的人员构成、工作任务、机制保障等方面作出了详细的规定，给予驻村帮扶强有力的制度保障，但驻村帮扶在评价方面尚有待完善。驻村帮扶工作原有的管理方法主要体现在驻村帮扶监督考核方面，虽然管理办法详细地规定了驻村帮扶干部的驻村时间、日常工作台账、请销假等方面的要求，但以往对驻村帮扶评价的重点在于对帮扶干部的驻村管理过程等环节，相对地忽略驻村帮扶在目标导向和驻村效果方面的评价。因此，建立有目标导向的驻村帮扶评价体系是完善现有驻村帮扶制度的重要方面。

目标导向的驻村帮扶评价应该包含 3 个方面。

（一）驻村帮扶评价的目标

对驻村帮扶开展评价，推动驻村帮扶干部进一步增强使命感和责任感，继续落实好帮扶政策，提升帮扶效能，切实彰显帮扶成效。评价驻村帮扶应遵循以下 4 点目标导向。

第一，强化党在农村的执政基础。选派驻村第一书记和工作队，是脱贫攻坚战中落实精准方略、解决"谁来扶"问题的有力举措。做好驻村帮扶工作是落实党中央、国务院决策部署的有力举措，是建强村党组织、夯实党在农村执政根基的客观要求。驻村帮扶作为具有中国特色的扶贫方式，通过选派第一书记驻村，强化基层党组织建设，使得农村地区基层党组织能力不断加强，发挥了党的组织优势和政治优势，为全面打赢脱贫攻坚战提供强有力保证，在打赢脱贫攻坚战的过程中强化了党在农村基层的执政基础。因此，评价驻村帮扶工作，不仅要看到驻村帮扶干部带领贫困地区脱贫致富奔小康的成效，更要看到党的执政基础是否在农村基层得到了进一步夯实。

第二，巩固拓展脱贫攻坚成果。全面推进乡村振兴刚刚开局起步，巩固拓展脱贫攻坚成果任务还十分繁重，一部分脱贫户脱贫基础还比较脆弱，一些边缘户稍遇风险变故马上就可能返贫。这要求驻村帮扶干部要做好巩固拓展脱贫攻坚成果工作，严防出现规模性返贫。重点做好防止返贫动态监测和帮扶、脱贫人口稳定就业、培育壮大脱贫产业、扶贫项目资产管理等方面的工作。要科学制定发展思路和帮扶措施，确保把每一村、每一户的发展都建立在实实在在的帮扶措施上，发挥各自特长和单位部门优势，帮助群众增收，牢牢守住不发生规模性返贫底线。

第三，扎实推进乡村振兴。驻村帮扶干部既是乡村振兴的"领头雁"，也是一线战斗队员。驻村帮扶干部要夯实帮扶村产业基础，积极谋划产业布局，找准产业发展路子，推动产业融合发展，推动实现产业振兴；要运用国家各项政策，将乡村打造成为一个能够使个人充分发展的平台，吸引社会各类人才，并培养乡村本土发展的人才，推动实现人才振兴；驻村帮扶干部要以社会主义核心价值观为引领，发挥教育作用，丰富乡村文化生活，推动文明乡风建设，推动实现文化振兴；要树立绿水青山就是金山银山的理念，带领群众加快农村环境改造提升，努力建设生态宜居乡村，推动实现生态振兴；要助力培养造就一批坚强的农村基层党组织和优秀的农村基层党员，建立更加有效、充满活力的乡村治理新机制，推动实现组织振兴。

第四，增强村民的幸福感、获得感和安全感。做好驻村帮扶工作是为民办事服务、坚守人民立场的客观要求。驻村帮扶干部要严格遵守全心全意为人民服务的工作宗旨，通过驻村帮扶加强基层党建力量，为全面乡村振兴、巩固拓展脱贫成果提供坚强组织保障、人才支持，健全村党组织领导的自治、法治、德治相结合的乡村治理体系，通过发展特色产业推进强村富民，发挥党员干部在乡村一线离群众最近的优势，践行党的群众路线，经常联系走访群众，推动完善乡村便民利民服务体系，帮助群众解决"急难愁盼"问题，急群众之急、解群众之困，把帮扶工作落到实处，不断增强人民群众的幸福感、获得感、安全感。

（二）驻村帮扶评价的原则

驻村帮扶评价是一项对广大驻村帮扶干部工作的检验，事关驻村帮扶干部工作的积极性，对驻村帮扶工作的开展有着重要影响。对此，开展驻村帮扶评价应遵循以下原则。

一是坚持实事求是。评价驻村帮扶工作应以驻村帮扶干部进驻到帮扶村时的具体状况为评价基点。根据 2021 年 5 月 1 日中共中央办公厅发布的《关于向重点乡村持续选派驻村第一书记和工作队的意见》规定的驻村帮扶的职责要求，以驻村帮扶实际开展的建强村党组织、推进强村富民、提升治理水平、为民办实事4个方面帮扶工作和取得的帮扶成效作为评价的具体依据，整体全面、真实、客观、准确地对驻村帮扶进行评价。

二是坚持公平、公正、公开。驻村帮扶评价杜绝"暗箱操作"，评价标准严格按照驻村第一书记是否严格履行驻村工作职责，是否真正充分发挥了驻村帮扶作用，而不是看驻村帮扶干部派驻的单位级别高不高、人事关系强不强等，杜绝人为的干扰。要科学制定评价指标和评价标准，详细制定评价的具体步骤，整个评价过程向政府、社会、村民开放，加强监督，让评价工作在阳光下运行，真正做到公平、公正、公开。

三是得到群众认可。驻村帮扶评价要得到群众的认可，要注重群众对驻村帮扶单位、驻村工作队、驻村帮扶干部所做工作的好坏进行评价。要以群众对驻村帮扶工作的认可度为标准，群众认可度的高低直接反映了驻村帮扶干部责任心强不强、工作作风实不实、帮扶工作认不认真、政策落实到不到位，有没有深入群众，拉近与群众之间的距离，以及和群众的关系是否融洽等问题。只有群众对驻村帮扶干部的认可度高，才能准确真实地知道驻村帮扶干部在履行工作职责上的实际情况。

（三）驻村帮扶评价的作用

全面推进乡村振兴新阶段，继续保持驻村帮扶政策的稳定，开展驻村帮扶工作评价，有利于指导驻村帮扶干部更好地发挥作用。

一是帮助驻村帮扶干部更好地厘清职责任务。驻村帮扶干部是推进乡村振兴的核心力量，通过驻村帮扶评价，驻村帮扶干部能够进一步认识自己的工作职责，加深对《关于向重点乡村持续选派驻村第一书记和工作队的意见》规定的"四个围绕、二十个推动"的认知。使驻村帮扶干部驻村后，充分发挥自己帮扶单位的资源优势，扎扎实实干实事。对标村党组织建设标准，推动基层基础底线更加牢固；对标乡村文明建设，推动乡村文化发展；对标发展乡村特色产业，推动乡村经济高质量发展；对标引进和培育乡土人才，推动乡村组织发展；对标人居环境整治任务，推动和美乡村建设。通过厘清工作职责，发挥组织和个人优势，把驻村帮扶任务做细做实。

二是提高驻村帮扶干部的履职能力。通过驻村帮扶评价，可以判定驻村帮扶干部做得好不好，有没有得到群众的认可，进而推动驻村帮扶干部在实际工作中扑下身子搞调研，深入乡村、深入群众，建立与群众的密切联系，找准驻村帮扶工作的突破口，研究谋划帮扶村的发展规划。促使驻村帮扶干部了解自己的工作短板，并通过不断加强学习以提高能力，从而进一步明确驻村帮扶重点工作的方向，并落实在具体任务上，进而提高驻村帮扶干部的履职能力。

三是提高驻村帮扶干部工作的积极性和主动性。对驻村帮扶进行评价，充分认可了广大驻村帮扶干部扎根农村基层、推动乡村振兴工作所付出的艰苦努力，肯定了驻村帮扶的工作成效。政府高度重视驻村帮扶工作，将驻村帮扶作为推进乡村振兴的重要抓手，推动驻村帮扶干部在一线岗位锻炼和成长，通过驻村帮扶评价，可以识别出驻村帮扶干部在乡村工作中作出了什么成绩，并按照工作实际和群众认可度对成绩优良、作风过硬的干部予以优先重用，帮助上级派驻部门及时发现问题，对工作不认真、不负责的干部进行批评教育。同时，开展驻村帮扶评价工作，有助于营造驻村帮扶干部争当优秀的良好氛围，推动驻村帮扶干部努力工作，坚定服务农村、服务村民的信念，加强学习，增强能力，提升帮扶质量，更加积极主动地参与到驻村帮扶的实际工作中。

二、评价指标体系

目标导向的驻村帮扶评价就是要围绕驻村帮扶干部工作内容涉及的评价指标，对驻村帮扶干部各项工作进行客观、综合的评价。围绕驻村帮扶的工作内容，需要从 4 个方面构建驻村帮扶评价指标体系。

（一）促进村级党组织建强的评价指标

1.促进村内党员干部学习与践行党的路线方针政策

具体包括：驻村帮扶干部是否组织村党组织干部学习领会党的基本路线、思想路线、组织路线和群众路线；是否提升基层党员干部的基本政治素养，提升基层党员干部开展基层工作的本领，帮助村党组织正确把握方针政策的精神实质，把握党的正确政治方向，确保同党中央保持高度一致，并强化基层党员干部全心全意为人民服务的意识，深入践行党的宗旨；是否组织党员干部和群众深入学习党关于农业农村现代化政策，加深基层党员干部群众对乡村振兴战略、巩固拓展脱贫攻坚成果的认识。

2.促进村"两委"干部担当作为

村"两委"是农村治理的关键主体，是将党和基层群众连接在一起的纽带。驻村帮扶干部促进村"两委"担当作为的评价包括：驻村帮扶干部是否积极培育素质高、能力强、具有号召力以及为人民服务意识的优秀人才被吸纳成为村"两委"成员；是否着力优化村"两委"班子结构，促进村"两委"老、中、青年龄结构合理；是否积极促进落实村党支部书记和村主任实行"一肩挑"和村"两委"班子成员交叉任职；是否积极提升村"两委"组织领导能力。

3. 促进发挥党组织和党员作用

实施乡村振兴战略，推进农业农村现代化，既是一场攻坚战，更是一场持久战。要充分发挥农村基层党组织的战斗堡垒作用和党员的模范带头作用，为乡村振兴和巩固拓展脱贫攻坚成果提供坚强组织保障。驻村帮扶干部相关工作的评价包括：是否建设好农村党支部；是否开展党日活动、"七一"活动以及"三会一课"等；驻村帮扶工作是否严格按照要求做好吸收农村党员的工作；是否有效调动农村党员干部积极性，使他们起到模范带头作用等。

（二）推进强村富民的评价指标

1. 推动乡村产业振兴

驻村帮扶工作的评价体系，在乡村产业振兴方面，应该考察对于乡村产业帮扶的战略规划，是否立足于本村的实际情况并通过走访调研、咨询专家等挖掘具有本村特色的产业。在上级发放的财政项目资金的使用方面，是否与产业发展项目任务相匹配，是否利用于当地的基础设施建设。是否能够打通一二三产业融合发展，推动农业产业链延伸融合，促进当地的经济发展，吸纳更多社会资本投入，提供更多的就业岗位。是否成立专业合作社帮助解决组织建设、章程订立、技术服务、信息提供、市场对接等方面的事项，积极发挥合作社产业发展载体作用，探索多种产业发展的模式。

2. 发展壮大村集体经济

村集体经济是乡村经济社会发展的重要经济基础，在乡村振兴过程中必须进一步做大做强做优村集体经济，使其成为驱动乡村经济升级、带动农民收入增长、促动公共服务供给的主导力量。驻村帮扶发展村集体经济要明确村集体的定位和布局，立足村庄的区位条件、资源禀赋条件，将本村的资源优势转化为经济优势，发展特色产业，规划现代化的村集体经济发展模式；是否注重发挥村庄经济能人和引进龙头企业，发挥他们的引领带动作用，以村党组织领办、资金入股等方式增加村集体的收入；是否充分利用政府、帮扶单位和社会等各方面的资源，为村集体经济发展拓宽渠道。

3. 推动农村深化改革

驻村帮扶干部推动农村深化改革的评价包括：是否有效促进土地确权颁证；是否加快推进土地经营权的流转，促进发展适度规模经营；是否积极培育新型农业经营主体，大力发展农民合作组织；是否有效推动新型农村集体经济发展，保障农民集体经济组织成员权利，落实赋予农民到户集体资产股份占有、收益、有偿退出及抵押、担保、继承权。

4. 建立利益联结机制，促进农民增收致富

驻村帮扶干部推动建立利益联结机制，促进农村增收的评价主要看驻村帮扶是否助推农村的新型农业经营主体积极与农民合作，

主要包括：是否支持农民以产权要素入股农民合作社等经营组织，参与到产业发展中，农民变成产业股东，直接获得产业发展分红；是否完善农民就业联结模式，通过积极吸纳村庄的农民在产业园区、农业企业务工带动农民参与产业发展获得务工收入，促进农民增收；是否发展订单农业模式，通过强化"龙头企业＋农户""合作社＋农户"等多种利益联结机制，建立稳定的产销合作关系，保证农民能在村庄产业发展中获得真正实惠。

（三）促进提升治理水平的评价指标

1. 推动村党组织加强领导

村干部推动村党组织加强领导的评价包括：是否促进村级党支部的领导核心地位；是否促进农村党组织建设，推动选优配强支部班子；是否有效贯彻新时代党的组织路线，有效增强农村党组织的政治功能和组织力；是否积极从本村致富能手、外出务工经商返乡人员、本乡本土大学毕业生、退役军人、大学生村官等群体中培育党员干部；是否充分发挥基层党组织的引领作用和坚强战斗堡垒作用。

2. 推动规范村务运行

驻村帮扶干部推动规范村务运行的评价包括：是否严格执行涉及村级重大事务和与村民切身利益相关的重大事项提交村党组织研究讨论；是否积极推动规范议事决策，促进重大决策事项严格按照村党组织提议、村"两委"会议商议、党员大会审议、村民会议或村民代表会议决议 4 个决策议程依次展开；是否积极促进完善党务、村务、财务"三公开"制度；是否积极促进及时公开组织建设、公共服务、工程建设等重大事项；是否积极健全村务档案管理制度，坚持实行村级档案工作统一领导、集中管理、安全方便原则；是否积极推动通过"村民微信群""乡村公众号"促进村级事务及时公开；是否积极推动建立村务分析制度，及时发现苗头性问题，并能及时提醒监督解决。

3. 推动化解各类矛盾问题

驻村帮扶干部推动化解村庄各类矛盾问题的评价包括：是否促进细化完善网格治理，明确责任主体，实现工作责任、工作任务、工作落实无缝隙对接；是否促进村庄按照"党建引领、党员入格"要求整合党员建立网格党员小组；是否打造选优配强网格队伍，推动采取个人自荐、群众推荐、组织遴选等方法选优配强网格工作组；是否促进畅通农民利益诉求表达渠道，协助建立"政策法律咨询、矛盾纠纷调解、来访群众谈心、民生事项代办"等相关服务窗口，维护好农民群众的合法权益；是否积极推动村庄借助相关职能部门资源、社会专业力量将矛盾纠纷解决在诉讼前；是否促进运用法治思维和法治方式管理村庄公共事务、化解基层矛盾纠纷、维护农民合法权益和社会和谐稳定。

4. 推动乡村建设行动

驻村帮扶干部推动乡村建设的评价包括：是否促进实施脱贫村畅通工程，着力解决自然村组通硬化路的问题；是否促进实施农村饮水安全巩固提升工程、"五小"水利工程、中小河流治理、小型病险水库除险加固工程，巩固脱贫村群众饮水安全，改善农田灌溉设施；是否积极协助电力部门抓好脱贫村农网改造升级，稳妥解决脱贫村生产生活用电问题，为脱贫村发展产业提供可靠的能源保障；是否促进脱贫村提升脱贫网络信号质量；是否积极协助推动完善乡村物流基础设施末端网络，加快建设村级寄递物流综合服务站点；是否积极协助推动提炼本地传统建筑智慧，加强农房设计，提升农房建设品质。

（四）促进为民办事服务的评价指标

1. 推动落实党的惠民政策

驻村帮扶干部推动落实党的惠民政策的评价包括：是否积极协助建立家庭经济困难学生信息库，精准识别家庭经济困难学生，精准发放各类资助资金；是否认真落实全民参保计划和分类资助脱贫户、"三类户"的参保政策；是否协助有效把脱贫不稳定人口、边缘易致贫人口、突发严重困难人口等易返贫致贫群体及时纳入保障范围；是否协助有效落实按照户申请、村初审、乡审核、县市复查、银行审定放贷的金融扶持贷款逐级审核程序，为脱贫户发展生产提供资金保障。

2. 推动加强困难人群关爱服务

驻村帮扶干部推动加强困难人群关爱服务的评价包括：是否积极组织村"两委"干部共同开展"三留守"人员定期探访，及时防范、积极化解风险隐患；是否积极协作落实残疾人跟踪访视工作，积极与基层残联、帮扶责任人密切合作，建立脱贫残疾人跟踪访视机制；是否协助摸清有劳动能力和就业意愿的残疾人的底数，积极为残疾人送政策、送信息、送岗位、送服务；是否有效落实《中国共产党农村基层组织工作条例》中提出的"加强对残疾人等人群的关爱服务"要求。

3. 推动各类资源下沉农村基层社区

驻村帮扶干部推动各类资源下沉农村基层社区的评价包括：是否有效落实合理制定村庄职权清单；是否有效促进建立并优化基层社区党支部、网格（或小区）党支部、楼栋党小组、党员中心户等多层级党组织架构，将党组织深深扎根在农村基层；是否协助有效畅通社会力量参与社区治理通道，推动群团组织资源下沉社区；是否按照政策要求，积极推动各项惠民资金落地，有效解决农村基层公共服务不足的问题。

三、评价方法与应用

驻村帮扶评价是检验驻村帮扶干部担当作为的"试金石",也是提升驻村帮扶干部队伍素质能力的"助推器"。

（一）驻村帮扶评价的主要方式

第一,驻村帮扶干部对工作开展自评。驻村帮扶干部对自身的履职情况开展自身评价,应包括驻村帮扶干部在驻村帮扶工作中是否坚决贯彻执行党的理论方针政策,按照驻村帮扶的工作要求,落实"四个围绕、二十个推动"的工作职责和任务,能否充分发挥帮扶单位和个人的作用,与村"两委"共同承担村级的各项工作事务,能够做到遇事共商、不退缩,调动村"两委"的工作积极性,切实推进乡村振兴战略在农村基层的有效展开,最终形成自评报告,作为评价驻村帮扶的重要依据。

第二,县乡镇政府对驻村帮扶干部工作进行评价。县乡镇党委政府组织部门有对派驻的驻村帮扶干部进行日常管理的工作要求,对驻村帮扶干部加强考核管理,由所在县组织部联合农业农村部门及乡村振兴部门同农村基层党委对驻村帮扶干部的日常工作进行考核,评定驻村帮扶干部的工作质量。除了严格落实驻村帮扶干部考勤、请销假、工作报告纪律约束等要求,以及每半年听取1次驻村第一书记和驻村工作队员的工作汇报外，还需要从上级部门的角度，对驻村帮扶干部在促进建强村党组织、推进强村富民、提升乡村治理水平、为民服务办事等方面的工作成效作出评价，以此考核驻村帮扶的整体工作质量。

第三，农村基层群众对驻村帮扶进行评价。广泛听取村民意见，作为驻村帮扶的主要受益对象，驻村帮扶工作做得好不好，群众有很大发言权，不给群众解决困难、不办实事，述职报告写得再好也不能成为评价驻村帮扶工作的标准，要发动村民群众对驻村工作队和驻村帮扶干部履职情况、落实乡村振兴工作要求、驻村工作期间工作纪律、工作成效满意度等情况进行评价，可采用测评表由村民进行打分，评价的高低直接由具体分数表现出来。

（二）驻村帮扶评价的步骤

第一，驻村帮扶干部述职测评。驻村帮扶干部围绕建强村党组织、推进强村富民、提升治理水平、为民服务办事等主要职责任务对个人驻村帮扶工作情况进行认真总结，撰写述职报告。由乡镇党委组织召开全体职工会、村党组织组织召开党员群众代表大会进行述职报告会。驻村帮扶干部向派驻村党组织和镇党委作任期述职并接受满意度测评。驻村帮扶干部向派驻村党组织述职测评时，应邀请村民群众参加。

第二，实地综合研判。由县乡镇组织部门和帮扶单位在各工作队驻点村组织召开述职评议会。参会人员为乡镇包片下乡干部、工作队全体、村"两委"班子成员、部分党员代表、村民代表以及脱贫户代表等。通过查阅资料、实地查看、走访座谈、实地核查等方式进行综合考量，评价的具体内容应该包括基层组织建设情况、帮扶工作落实情况、政策宣传情况、工作队日常管理情况等。做到对驻村帮扶干部任职期内在岗履职、目标完成、廉洁自律等方面情况的全面深入了解。在对驻村帮扶干部工作情况有确切把握之后，依据综合评价情况对驻村帮扶干部的驻村工作作出评价认定，并给出评价成绩。

第三，形成最终评价意见。县乡镇党委根据对驻村帮扶干部的评价结果，综合乡镇日常管理和督查汇总情况，制定评价成绩表，对驻村帮扶干部帮扶工作成效进行量化打分，形成驻村帮扶干部的最终得分。综合实地评价情况，给出最终的评价意见，评价结果按照等级划分，可分为"优秀""良好""及格""不及格"4个等次，按照分数高低形成驻村帮扶干部的最终评价意见。

（三）驻村帮扶评价结果的应用

一是作为干部履职材料。驻村帮扶干部综合评价意见经党委会议审定后，向参加述职的驻村帮扶干部反馈，并在一定范围内通报。评价意见作为工作履职的资料装入干部个人档案，作为宣传表彰、提拔使用、调整撤换的重要依据。

二是作为干部考核依据。考核等次确定为"优秀"的，纳入各级宣传表彰推荐范围，在提拔任用、晋升职级、交流重用、专业技术人员聘用、遴选公务员、申报专家称号时，同等条件下优先考虑。考核等次确定为"不合格"的，按干部管理权限，由县委组织部对其进行诫勉谈话、调整撤换，派出单位主要负责人当年年度考核不得评优。

三是依据评价结果发现问题并做好整改工作。抓住评价中发现的问题，并对照问题做好整改工作，列出问题清单、责任清单、整改清单，明确整改措施和时限。由乡镇党委建立督促整改、定期通报制度，对照清单，跟踪问效，把整改落实情况纳入驻村帮扶干部下一年度述职评议考核内容。

第十一章
提升乡村治理能力

乡村治理能力是指在党的领导下，乡村基层干部群众通过运用国家法律法规、规章制度、乡规民约、村规民俗等，对乡村生产生活基础设施、公共服务事务进行规划、组织、管理，促进乡村经济社会发展，不断提高广大村民的物质生活水平和精神文明水平的能力。2023 年中央一号文件中明确提出要健全党组织领导的乡村治理体系，强化农村基层党组织政治功能和组织功能，坚持以党建引领乡村治理，加强农村精神文明建设，提升乡村治理效能。

　　驻村第一书记和驻村帮扶干部提升乡村治理能力，就要围绕"建强基层组织、推进强村富民、提升治理水平、为民服务办事"的驻村帮扶工作目标和"治理有效、乡风文明"的乡村治理工作总体要求，坚持把加强农村基层党组织建设作为工作出发点，把建立完善党组织领导的自治、法治、德治相结合的乡村治理体系作为工作着力点，把保障和改善农村民生、促进农村社会和谐稳定作为工作落脚点，努力提升政治引领能力、组织引导能力、协同推进能力与载体创新能力。

一、乡村治理能力建设的内涵和意义

工作导向的乡村治理能力，是在完成驻村帮扶工作目标，落实乡村治理工作要求基础上，围绕建立"三治融合"的治理体系，建立和谐稳定的治理秩序，推进协同发展的治理格局，逐步建立、培养和践行的多维工作能力。驻村帮扶队员加强工作导向的乡村治理能力，具有重要意义。

（一）巩固党在农村执政基础、全面推进乡村振兴的必然要求

巩固党的执政基础，关键在基层，关键在农村。乡村治理是最基层的社会治理，也是最综合的社会治理，涉及经济社会发展各个方面，是乡村全面振兴的重要内容。这项工作抓好了可以凝心聚力，稳住农村这个战略后院；抓不好就可能导致人心涣散，甚至激化矛盾引发社会不稳。在迈向全面推进乡村振兴新征程中，越是在新阶段关键期，外部环境越是错综复杂，改革发展稳定任务越为艰巨繁重，越需要高度重视乡村治理，提振农民精气神，以善治乡村为开新局、应变局、稳大局提供基础支撑和保障。

（二）适应新形势新任务要求、破解乡村治理难题的必然要求

随着农村新型经济社会组织的快速发展，利益诉求和取向多样化，农村群众不仅对衣食住行、教育、医疗、养老等乡村基础设施和公共服务改善有更高要求，而且对民主公开、精神文化等方面的需求越来越突出。同时，随着农村社会结构深刻变动，一些地方的村庄空心化、村民老龄化、群众与基层组织的联结松散化严重，村级组织号召力、凝聚力、战斗力不强，一些村民村务参与度不高，一些基层干部认为乡村治理是个软指标，早做晚做、多做少做都一样，乡村治理理念和手段滞后于乡村经济社会发展，这就要求在乡村治理的理念、主体、方式、范围、重点等方面进一步创新、调整和完善，理顺各种利益关系，平衡不同利益诉求，破解难题，增强乡村群众的获得感、幸福感、安全感、参与感。

（三）做好驻村帮扶工作、建设宜居宜业和美乡村的必然要求

党的二十大提出建设宜居宜业和美乡村，重点是硬件、软件"两手抓"，着力塑造人心和善、和睦安宁的乡村精神风貌。建设宜居宜业和美乡村，既要塑形，又要铸魂；既要抓物质文明，也要抓精神文明，积极培育文明乡风、良好家风、淳朴民风。驻村帮扶工作不仅仅是要帮助发展乡村产业、搞好乡村建设，更重要的是加强乡村治理，提高文明程度，建设宜居宜业和美乡村。

二、提升乡村治理能力的主要任务

（一）提升政治引领能力

政治引领，就是强化农村基层党组织政治功能，夯实基层党组织在乡村治理中的领导核心作用。提升农村基层党组织政治引领能力，就是强化基层党组织的政治功能，坚持以党建引领乡村治理，建立健全以基层党组织为领导、村民自治组织和村务监督组织为基础、集体经济组织和农民合作组织为纽带、其他经济社会组织为补充的村级组织体系，使基层党组织成为宣传党的主张、贯彻党的决定、领导乡村治理、团结动员群众、推动改革发展的坚强战斗堡垒。

（二）提升组织引导能力

组织引导，就是通过强化基层党组织的组织功能，将党的组织优势转化为治理优势，将党的组织原则和工作理念转化为党组织和党员联系服务农民群众的具体工作，完善村党组织领导乡村治理的体制机制。提升组织引导力，就是要将党的群众组织力深入乡村治理的各方面，探索党组织领导的自治、法治、德治相结合的路径，让农村社会既充满活力又稳定有序。

（三）提升协同推进能力

协同推进，就是综合运用传统治理资源和现代治理手段，协同推进组织治理、社会参与、村民自治良性互动，建设宜居宜业和美乡村。提升协同推进能力，就是围绕宜居宜业和美乡村建设的总目标，将完善乡村治理机制与发展乡村产业、推进村庄基础设施建设、保护生态环境等方面有机结合，建立健全政府、市场和社会力量共同参与乡村治理的工作机制，逐步把乡村建设成为基础设施基本完备、基本公共服务普惠可及、人居环境优美宜人、社会治理和谐有序、精神富有、文化繁盛的乡村。

（四）提升载体创新能力

载体创新，主要是围绕建立完善乡村治理的体制机制，打造平台载体，探索创新乡村治理的路径模式。乡村治理、乡风文明等工作，抓的是软件，务的是实功，要想取得明显成效，必须虚事实做，软件硬抓，提升载体创新能力，让这些工作看得见、摸得着，群众有切实感。提升载体创新能力，要坚持问题导向，从实际出发，聚焦农民关心、社会关注的问题重点突破，探索解决方案，创新体制机制，打造平台载体，探索形成一批可复制、可推广的乡村治理新路径、新模式，推动乡村治理政策在基层落地生根。

三、提升乡村治理能力的探索和实践

在政治引领能力、组织引导能力、协同推进能力、载体创新能力4种能力中，党组织的政治引领能力是根本，组织引导能力是基础，协同推进能力是关键，载体创新能力是动力。只有四者有机融合，才能共同推进驻村帮扶、提升乡村治理能力，提高广大村民的生产生活质量与幸福指数，增进乡村社会和谐，服务于"治理有效、乡风文明"的目标和乡村振兴战略。

（一）加强农村基层党组织建设，探索完善乡村治理的组织体系，提升政治引领能力

第一，探索健全以基层党组织为领导、村民自治组织和村务监督组织为基础、集体经济组织和农民合作组织为纽带、其他经济社会组织为补充的村级组织体系，实现村级各类组织按需设置、按职履责、有人办事、有章理事。例如，福建省漳州市龙文区郭坑镇推进"三会"加强村务管理。一是党群圆桌会唱主角。由各村党组织书记任召集人，支部党员、村民小组长、村民代表及社会人士等参与，党群合力形成"支部＋村民＋社会力量"的沟通协调机制，让群众参与到本村重大事项的民主决策中，实现"自己的事自己办、自己的权自己使、自己的利自己享"。二是企业家参事会做辅助。

由村民委员会主任或村"两委"任召集人，充分发挥企业家在乡村治理中提供决策咨询、民情反馈、监督评议及帮扶互助服务等作用，提升多元参与、协商共治能力，"筑巢引得凤归来"。三是纠纷评理会化解矛盾。由村"两委"或德高望重的村民代表任召集人，邀请老干部、老党员、人大代表、法律顾问、警员、村民等作为评理员，对邻里纠纷进行评查、评理，确保"小事不出村"，群策群力，及时化解矛盾纠纷，形成群众提事、圆桌议事、会议定事、集中办事、制度监事的村组事务处理办法。

第二，实施村级活动场所"提升计划"，加大村级卫生室、便民小超市、幸福院、电商等项目进驻力度，建设党员活动、决策议事、宣传教育、养老敬老、产品推介、便民服务、休闲娱乐中心，聚集场所人气，增强阵地魅力。例如，江苏省溧阳市扎实推进百姓议事堂、如意小食堂、文化小礼堂、幼童小学堂、道德讲堂、"心愿树"爱心工作站"五堂一站"建设，聚焦"微民生"工程，有效解决目前农村社会组织发展不足、社会动员能力不足和社会资源有限等方面的问题，切实提升了乡村治理效能和温度。

第三，创新开展村级组织活动，落实村干部重大事项报告、谈心谈话、工作承诺、述职评议、定期考核等制度。建立党务、政务、村务、财务"阳光公开"监管平台，落实"四议两公开"，促进村级事务公开、公正、公平开展。例如，河北省石家庄市鹿泉区把举办农村党建工作年会作为强化党建引领、创新社会管理、加强基层政权建设、拓宽群众诉求渠道的有效载体，党建年会以"会"强化党员党性，以"议"科学规范决策，以"说"广泛收集民意，以"评"形成创优氛围，以"选"树立榜样力量，营造了共建共治共享的乡村治理生态。

第四，发挥党员在乡村治理中的先锋模范作用。组织开展党员联系农户、党员户挂牌、承诺践诺、设岗定责、志愿服务等活动，全面落实村干部坐班、为民服务代办、村干部入户走访和党员联系农户等制度，加强对贫困人口、低保对象、留守儿童和妇女、老年人、残疾人、特困人员等人群的关爱服务，引导农民群众自觉听党话、感党恩、跟党走。例如，河南省孟津县建立"1+N"党员联系户制度，落实村干部挂牌值班制度，推广"一站式"服务和错时延时、坐班值班等方式。

（二）坚持农民主体，探索党组织领导的自治法治德治相结合的路径，提升组织引导能力

第一，以自治增活力，深化村民自治实践，提高村民参与能力。探索自主议事、自我服务、自治管理的"三自"村级治理新模式。坚持自主议事，对集体资金使用、土地出让、公益事业等重大事项，推行票决制，群众的事让群众说了算；坚持自我服务，无论是财务收支、土地补偿分配，还是涉农补贴和最低生活保障费的发放等，都让群众全程参与、全程管理，群众的事让群众自己管；坚持自治管理，建立红白理事会、新乡贤理事会、邻里互助会、业委会、院委会等自治组织，因地制宜地制定村规民约，自主建立纠纷化解、联保责任等机制，畅通群众参与自治渠道并规范自治行为。例如，四川省崇州市强化群众主人翁意识，创新"1+3+X"基层治理服务模式，成立业委会、院委会等自治组织350余个，"村闲自愿服务队""马大爷说事"等村民自治组织1400余个。四川省攀枝花市米易县打造提升村民议事协商规范化试点村6个，创新建立"云议事"平台，全面推广红白事"九大碗"、环境卫生"七个好"等务实管用的自治模式，提升村民自治水平。

第二，以法治强保障，创新乡村法治宣传和法治实践，教育引导群众办事依法、遇事找法、解决问题用法、化解矛盾靠法。深化农村法治宣传教育。坚持从人民群众关心的热点、焦点问题出发，从不同普法重点对象的个体需求出发，发挥"互联网+"普法的便捷作用，开展精准普法；建立"一村一律师"制度，通过专业说法、以案释法等途径，引导村民依法表达诉求，依法维护自身合法权益。构筑矛盾纠纷化解的底线，善于运用法治思维和法治方式处理社会矛盾纠纷；建立完善公共法律服务体系，通过开展"法治进乡村"活动、创建"法治示范村"、培养"法律明白人"、印发《普法依法治理工作要点》等活动，加快建设公共法律服务平台，培育服务队伍，创新服务方式，让基层群众享受到更便捷优质的法律服务。例如，宁夏回族自治区贺兰县以矛盾多元调解中心为载体，以法院、检察院、律所、信访及相关行政机关为主体，充分引导人民调解员、法官、警官、检察官、律师、心理咨询师等共建共治力量共同参与。通过这种创新模式，最大限度地整合资源、优化资源、运用资源，构建了社会协同的共建格局，先后打造"马英杰调解室""老王调解室""石榴籽调解室"等5个品牌调解室，实现"一村一法律顾问"全覆盖。探索建立"警格+网格+专职人民调解员+特邀调解员+律师+法官"调解模式，成立"贺兰格格""康洁义警"等30余支群防群治队伍。

第三，以德治扬正气，加强农村精神文明建设，持续推进新时代文明实践活动，多形式推动社会主义核心价值观落细落小落实。发挥文化熏陶作用，传承、发展、提升农村优秀传统文化，挖掘农村历史文化、民俗文化、节庆文化等，因地制宜地开展农村文化活动；加强农村精神文明建设，把社会主义核心价值观融入社会发展的各个方面，转化为人们的情感认同和行为习惯。加强新时代文明实践中心建设，弘扬中华优秀传统文化，教育引导农民爱党爱国、向上向善、孝老爱亲、重义守信、勤俭持家，把文明素质教育融入思想道德建设之中，融入群众文化活动之中，让群众在潜移默化中接受文明的熏陶，增强乡村发展的软实力。充分发挥道德模范的示范作用。在农民中深入开展社会公德、职业道德、家庭美德、个人品德教育，持续选树道德模范、最美人物、身边好人等先进典型，鼓励开展文明家庭、星级文明户等创建活动，结合乡村实际，定期评选"好儿媳""好公婆""好家庭"等先进道德模范，多渠道宣传先进典型，对群众进行正面引导，并加大奖励力度，在农村形成学习道德模范、努力争做先进的良好氛围。持续推进农村移风易俗，积极引导农村红白理事会、道德评议会等社会组织发挥作用，遏制讲排场、比面子的攀比之风，提倡"喜事新办、丧事简办""厚养薄葬"等，对婚丧陋习、天价彩礼、孝道式微、老无所养等不良社会风气实行适度奖惩，破除陈规陋习。例如，山东省莱西市通过"德治、德益、德学"体系，用积分制构建了"德者有得"的机制。莱西市从社会公德、家庭美德、职业道德、个人品德等方面入手，明确75项赋分、专项考核、折算权重纳入统一平台，搭建道德资金平台、物质激励平台、精神奖励平台，实现了道德积分管理与运用，将口碑评议变成精确赋分，全面提高了各级参与乡村治理的积极性。

（三）建立完善共建共治共享机制，探索多方参与乡村治理、一体推进乡村治理与农村经济社会协调发展的有效路径，提升协同推进能力

第一，围绕村民议事协商形式创新，不断丰富农民群众参与乡村治理的渠道。比如，福建省晋江市发挥资源优势，让能人参事。针对群众诉求的战略引导问题，充分抓住血缘、姻缘、地缘、情缘纽带，激活企业、华侨、公职人员等多元力量，广泛参与到乡风引领、基层治理、公益事业等方面。一是搭建平台，让参事"有理可依"。引导支持村一级成立企业家参事会，邀请海内外乡侨入会，企业家议事会的职能从开展村级事务拓展到引智引资引才，构建网络引流乡村振兴急需的资金、人才等资源。二是健全规则，让参事"有章可循"。制定参事会章程，定期组织开展联谊活动，适时召开企业家座谈会探讨解决乡村振兴、公共事务管理等方面存在的问题。三是拓宽路径，让参事"有事可为"。建设"网上议事厅"，克服能人参事的时间、地域等障碍，协助村"两委"调解邻里纠纷、解决重大事项。

第二，建强村级协商议事队伍。不断挖掘有口皆碑的模范人物、德高望重的基层干部、反哺桑梓的业界精英以及其他所有愿意为家乡建设建言献策、出钱出力的贤达人士等人才资源，组建"乡贤智囊团""乡贤创业团""乡贤民情团""乡贤爱心团"等平台组织，引导其积极参与乡村共建共治。例如，浙江省海宁市积极探索以"共商筹智、共建筹资、共管筹治、共富筹心"为重心的"党建统领·四共四筹"治理模式，创新建立"村'两委'+企业家会"乡村治理议事制度及"决策参事+服务参事"双机制，着力引导能人志士精准参与基层治理，把群众自治和企业家参治有机融合。针对农村人居环境整治、基础设施改造、美丽乡村建设等乡村建设，海宁市进行了"全民筹资共建美丽乡村"的实践探索，鼓励村民通过出资、捐物、义务劳动等方式，参与到乡村建设中，想方设法地充分发动党员、企业家、能人等力量，通过捐助及社会资本注资等方式，共建美丽乡村。

第三，积极发展新型农村集体经济。围绕构建产权关系明晰、治理架构科学、经营方式稳健、收益分配合理的运行机制，探索资源发包、物业出租、居间服务、资产参股等多样化途径，进一步发展新型农村集体经济。例如，山西省黎城县小寨村依托红色美丽村庄建设优势，利用扶持壮大村集体经济资金，新建小寨大食堂和红色文化服务中心，把红色美丽村庄建设与红色文旅产业发展、村集体增收紧密结合起来，使红色资源变成红色产业。该县东阳关镇辛村利用紧邻东阳关镇旱鸭养殖的区位优势，在闲置的集体土地上建成标准旱鸭养殖大棚，实行托管经营，收取租金。该县在扶持村集体经济项目时，重点看各村是否具备发展集体经济的资源、区位等基础条件，宜农则农、宜商则商、宜游则游。

（四）坚持问题导向，突出工作重点，提升载体创新能力

从实际出发，聚焦农民关心、社会关注的重点问题，在乡村治理组织体系完善、党组织领导的自治法治德治相结合的路径、基层治理方式、村民议事协商形式创新、现代乡村治理手段创新、乡村治理与经济社会协调发展路径等乡村治理的重要领域和关键环节创新体制机制，完善网格化管理、精细化服务、信息化支撑的基层治理平台，拓展积分应用领域，创新积分载体平台，扩大积分制覆盖范围，调动农民参与村级公共事务的积极性。例如，山东省淄博市创新性地推出了"党建引领、一网三联、全员共治"乡村治理模式，把村党组织体系与网格治理体系充分融合成为"一张网"，通过干部联村组、党员联农户、积分联奖惩，实现共建共治共享。山东省淄博市桓台县果里镇徐斜村按照地域相连、居住相邻、户数相近的原则将全村划分为4个微网格，"两委"成员任网格长，遴选32名

党员担任兼职网格员，分工联系村民，每月按照积分指标目录对党员群众进行加减分，每季度按网格人均积分进行排名，前3名命名为"红旗网格"，由村集体给予奖励。通过"一网三联"有效地提升了村党组织的组织力和凝聚力，激发了村民参与乡村治理的热情。

第十二章

改进驻村帮扶作风
促进乡村治理的县域实践

在党的二十大召开前一天，农业农村部、国家乡村振兴局公布了2022年国家乡村振兴示范县创建名单，河南省兰考县、四川省眉山市东坡区等100个示范县入选。这是兰考县继2020年荣获全国脱贫攻坚示范县之后，在农村工作领域取得的又一重大成绩。新时代10年，兰考县把脱贫攻坚和乡村振兴作为培养锻炼党员干部的大舞台，弘扬焦裕禄精神的新平台，在带领7万多名父老乡亲走出脱贫困境的同时，1万多名农村干部和驻村书记无论是在能力方面还是作风方面都得到了良好锤炼，共同打造出了新时代新兰考的新名片：拼搏兰考。兰考取得这一系列成绩，与兰考在整个脱贫攻坚期间和乡村振兴新征程上从上至下采取的统揽全局式的驻村行动密不可分。驻村帮扶的兰考实践、兰考密码、兰考行动进一步向我们证明：驻村转作风，作风促行动，帮扶见真情，真情出实效。

驻村帮扶工作必须确立"以人民为中心"的工作宗旨，真正"驻"进老百姓心里，真正干出新时代业绩；以"功成必定有我"的使命担当，"毋改英雄意气"的忠诚作风，把宏大的国家战略通过一项项具体微小的驻村帮扶工作落地见效，铸梦成真。

一、凝聚力量

提到兰考，大家肯定想到的是人民公仆、干部楷模——焦裕禄同志，想到的是风雪交加的夜晚焦裕禄在火车站挽留灾民的画面，想到的是风沙、内涝、盐碱"三害"肆虐的场景。近几年到过兰考的同志都说如今的兰考和印象中的不一样：一片片泡桐生机盎然，一条条河流清澈见底，一座座大棚成为现代农业的样板，一个个工业项目成为绿色发展的新标杆，兰考的变化可谓翻天覆地。这些成绩与兰考深厚的红色基因密切相关，正是这种红色基因的浸润，成千上万名驻村帮扶干部和队员，才能义不容辞赶赴农村，创造一次次兰考奇迹，树立一个个示范榜样。

（一）思想的伟力

2014 年，习近平总书记把兰考作为第二批党的群众路线教育实践活动联系点，一年内 2 次亲临兰考，3 次专门听取兰考县委工作汇报。习近平总书记说，教育实践活动的成果，要用改革发展的实际成效来检验，要准确把握县域治理的特点和规律，把"强县和富民统一起来，把改革和发展结合起来，把城镇和乡村贯通起来"。习近平总书记县域治理"三起来"的重要指示要求为兰考发展提供了方向指引和路径遵循。

在脱贫攻坚中，兰考紧紧围绕习近平总书记提出的"六个精准"，以问题为导向，深入研究，综合施策，靶向治疗，以较真促认真，以碰硬求过硬，切实把精准的要求落实到脱贫攻坚各个环节。

兰考的发展实践表明，习近平新时代中国特色社会主义思想是做好新时代各项工作的最高遵循，是我们再攀高峰的行动指南。习近平总书记县域治理"三起来"则为兰考快速发展、不断创新厘清了思路、激发了动力。实践也证明，在兰考发展的进程中，只要把习近平总书记的指示要求落实落细，各项工作就能沿着正确的方向前进。

兰考始终把"探路示范"作为使命，始终坚持以习近平总书记重要讲话重要指示精神为指导，认清全国、全省、全市发展大势，全面辩证分析县情，找准立足点和发力点，在县域综合改革创新、城乡融合发展、脱贫地区共同富裕中走在前列，把党的群众路线教育实践活动的联系点建成践行习近平新时代中国特色社会主义思想的示范点。

（二）红色榜样的引力

60年前，焦裕禄同志带领兰考人民投身治理"三害"的伟大实践，铸就了永不磨灭的焦裕禄精神。习近平总书记先后将焦裕禄精神概括为"五个方面"（亲民爱民、艰苦奋斗、科学求实、迎难而上、无私奉献）、"四种内涵"（"心中装着全体人民、唯独没有他自己"的公仆情怀，凡事探求就里、"吃别人嚼过的馍没味道"的求实作风，"敢教日月换新天""革命者要在困难面前逞英雄"的奋斗精神，艰苦朴素、廉洁奉公、"任何时候都不搞特殊化"的道德情操）、"三股劲"（对群众的那股亲劲、抓工作的那股韧劲、干事业的那股拼劲）。2014年3月17日傍晚，在焦裕禄干部学院1号教室，习近平总书记与部分乡村干部学员座谈时提出，焦裕禄同志在兰考工作只有一年多，但在群众心中铸就了一座永恒的丰碑；焦裕禄同志给我们留下了那么多，我们能为后人留下些什么？这就是"兰考之问"。如何回答好"兰考之问"，成为兰考成千上万名党员干部群众必须深入研究的课题。

焦裕禄精神是一本永远读不完、常读常新的书，是激励我们勇毅前行的强大力量，把经济社会发展好，让人民生活得更幸福，就是对焦裕禄精神最生动的诠释。在焦裕禄精神的号召下，兰考干部从"坐着等"到"推着干"，再到"比着干"，兰考人憋着一股劲：要把联系点建成示范点。"领导领着干、干部抢着干、群众比着干"蔚然成风，"努力到无能为力，拼搏到感动自己"已经成为兰考干部作风的新名片。

2021年2月25日，在全国脱贫攻坚总结表彰大会上，习近平总书记亲自为兰考颁奖，并鼓励兰考要再接再厉，一定不要忘记焦裕禄精神。

（三）人民呼唤的动力

自古以来兰考地区就多灾多难，期盼过上美好生活是一代又一代兰考人最大的心愿。进入新时代以来，让兰考改天换地、让兰考人民幸福平安更成为80多万兰考人的真切呼唤。

10年来，兰考驻村帮扶干部始终把"以人民为中心"作为驻村帮扶工作的第一宗旨。在工作中，把"亲民爱民"作为根本，坚持以人民为中心的发展思想，凡是群众需要的克服困难、创造条件也要干，凡是群众反对的坚决不干，决策时多想想群众的需求，过程中多体会群众的感受，收官时多听听群众的反映，将为群众谋幸福作为一切工作的出发点和落脚点。把"以上率下"作为引领，始终坚持四大班子齐上阵，领导干部以身作则、带头示范，以"关键少数"带动"绝大多数"，充分发挥基层党组织战斗堡垒作用和党员干部先锋模范作用，通过层层示范，形成一级抓一级、一级带一级的生动局面。把"拼搏创新"作为动力，传承弘扬焦裕禄同志的"三股劲"，聚焦影响县域治理的突出矛盾、影响高质量发展的突出障碍、人民群众反映强烈的突出问题，发扬脱贫攻坚精神，以改革创新破解工作中的难题和发展"瓶颈"。把"求真务实"作为路径，深入调查研究，全面了解农民所求、所需、所盼，走好新时代群众路线，创造性地开展工作，尊重城乡融合、乡村建设、特色产业发展及基层治理等方面的科学规律，多干打基础、利长远的事情。

10 年来，兰考驻村帮扶干部正是因为明确了"驻村为了谁"，才能在工作中始终保有对群众的那股"亲劲"，始终明确自己的定位，以"抓铁有痕、踏石留印"的劲头，担当作为，干事创业，推动各项驻村帮扶工作任务落细落实，答好乡村振兴、基层治理、人民期盼这份"时代答卷"。主动接受国家和人民监督，让"探照灯"发挥"工作推进到哪里，监督检查就跟进到哪里"的作用，以铁的纪律、硬的作风、严的问责完成了一项又一项人民期盼的重大任务。

二、持之以恒

新时代 10 年，兰考在脱贫攻坚、全面小康、乡村振兴 3 个发展阶段上，从上至下推进了 3 次大规模的驻村帮扶工作。驻村帮扶工作的重点从一开始的"全面覆盖"逐渐走向了"选优配强""派训管用"，各级单位也以"抓工作的那股韧劲"为基本要求，通过建章立制引导驻村帮扶干部以结果为导向，心存"功成必定有我"的理念，不断调整工作方向，持之以恒、久久为功，一茬接着一茬干，创造出了一个又一个新时代兰考快速发展的奇迹。

脱贫攻坚期间，兰考县选派 345 名县乡科级干部、后备干部和优秀年轻干部组成工作队，进驻 115 个贫困村；选派 335 名乡镇优秀干部进驻非贫困村，实现驻村帮扶全覆盖。

2017 年 3 月脱贫摘帽后，兰考开展了"支部连支部，加快奔小康"活动，组织 454 个机关企事业单位党组织与 454 个农村（社区）党组织结对，选派 1101 名机关企事业单位干部组成 454 支稳定脱贫奔小康工作队奔赴 454 个农村（社区）开展了为期 4 年的驻村帮扶工作，实现了与脱贫攻坚驻村帮扶的无缝衔接。

2021 年，为推进巩固拓展脱贫攻坚成果同乡村振兴有效衔接，兰考从机关企事业单位选派 1067 名怀揣为民情怀、有发展理念、有担当精神的科级干部和优秀党员干部组成 222 支驻村工作队，实现驻村帮扶全覆盖。

第一阶段：政府主导"551"，实现贫困村户全覆盖

2014 年，兰考向习近平总书记作出了"三年脱贫、七年小康"的庄严承诺。为了实现第一个目标，兰考依据习近平总书记精准扶贫的思路，全县动员，在原来驻村帮扶的基础上，掀起了第一股驻村工作队员帮扶潮。

脱贫攻坚期间，兰考县组织了 54 名县级干部、567 名科级干部、3000 多名在职党员，对 115 个贫困村、5729 个贫困户开展联系帮扶，做到了"脱贫攻坚没有局外人"，实现了联系帮扶全覆盖。

"毫不夸张地说，全县 115 个贫困村的 345 名工作队员，都扎扎实实'铆'在了帮扶村，真正做到了每个贫困村都有帮扶工作队、每个贫困户都有帮扶责任人，不脱贫，不脱钩。"时任兰考县县长李明俊说。

兰考县在脱贫攻坚中坚持政府主导，把脱贫攻坚与经济社会发展统筹谋划，把脱贫攻坚作为各项工作的"重中之重"强力推进，不折不扣落实党政"一把手"扶贫责任制，逐级签订责任书，实行台账管理，形成了人人关心扶贫、人人关注扶贫、人人支持扶贫的良好局面，以"五轮驱动""五级联动""一支队伍"的"551"模式落实三年脱贫攻坚规划。

"五轮驱动"就是政府推动、市场拉动、农户主动、科技带动、金融撬动；"五级联动"就是县扶贫领导小组、县直部门、乡镇领导班子、村"两委"及驻村帮扶工作队和贫困农户互联互动；"五轮驱动""五级联动"是工作原则和工作方法，而要真正把脱贫攻坚的任务落到实处，还必须有一支能征善战的干部队伍。

"一支队伍"，就是通过县领导包乡、县直部门包村、工作队驻

村、党员干部包贫困户，层层落实帮扶责任，锻炼出一支坚强的脱贫攻坚党员干部队伍。充分发挥驻村工作队在精准扶贫、精准脱贫中的作用，是兰考的成功经验。

兰考明确了县、乡两级干部分包贫困村和贫困户制度，处处体现领导带头。脱贫百日攻坚期间，县级干部带头，每周至少在联系的贫困村住上一夜，入户摸情况、理思路，召开由群众代表和贫困户参加的座谈会，听取他们的意见和建议。带动乡镇干部、驻村帮扶干部在精准扶贫上掏真劲、实打实，形成了"领导领着干、干部抢着干、群众比着干"的局面。

县委组织部出台了驻村工作队的派驻、管理、考核办法，实行科级干部当队长、科级后备干部当队员；后备干部不愿驻村的，取消其后备干部资格；驻村考核连续两年优秀的，优先提拔任用；所驻村面貌变化不大，或违反纪律、考核不合格的，在干部任用时不予提拔重用。

在能力问题上，兰考对驻村队员开展多轮次业务培训，通过选树标兵、分区域排查、逐一"过筛子"考试，确保扶贫政策落实到位；强化对工作队政策、资金、生活的保障，解除后顾之忧，确保驻村工作队员"住得下、干得好、可带富"。

第二阶段：支部连支部、加快奔小康

2017年4月18日，一场7000人大会在兰考县体育场召开：454名机关企事业单位党支部书记、454名农村（社区）党支部书记、454名驻村工作队队长手拉手进行对接，拉开了兰考县"支部连支部、加快奔小康"活动序幕，奏响兰考县"稳定脱贫奔小康"的号角。这是在兰考圆满完成脱贫摘帽任务，进而开启全面建成小康社会新征程的关键时期召开的一次重要会议。

会议决定，兰考县全面开展"支部连支部、加快奔小康"活动，明确一个机关企事业单位党支部和一个农村（社区）党支部结成共建对子，每个结对机关企事业单位党支部选派 1 名支部委员、1 名入党积极分子或优秀年轻干部组成 2—3 人的工作队，驻村开展工作。通过组织共建、党员共管、人才共育、致富共帮，实现建强支部、育强干部、做强产业的目标。

我们党执政的最基层单元在支部，目前农村的支部能力不足，机关企事业单位党支部更多侧重组织学习、组织活动。为确保这项活动有序开展，围绕组织力提升，兰考探索创新了"支部连支部"帮扶机制，机关企事业单位党支部和农村支部结成对子弥补共建不足的问题，围绕精准帮扶中心工作合力推进，真正实现"扶上马送一程"，并作为一项长效机制持续推进，有效巩固提升精准脱贫成效。

在召开"稳定脱贫奔小康"大会时，兰考扎实做好了前期 3 项基础工作：一是优化调整机关企事业单位党支部设置。为保证"一对一"的支部结对模式，兰考县根据党员数量、内设机构设置，新增设了 203 个基层党支部。二是选优配强支部班子。三是组建一支优秀的驻村帮扶干部队伍，兰考县委择优选定 1064 名优秀干部和入党积极分子，组成 454 个稳定脱贫奔小康工作队，派驻到 454 个行政村（社区）开展驻村帮扶。

"支部连支部、加快奔小康"活动实行"周驻村、月活动、季评议、年表彰"活动机制。"周驻村"即驻村工作队每周"五天四夜"到村开展工作，落实结对帮扶任务。"月活动"即在活动中实行"固定党日"制度，每月第一个星期四，机关企事业单位党支部书记带领全体党员到村，和结对村党支部一起开展组织活动。"季评议"即每季度对机关企事业单位党支部、农村党支部组织生活开展情况，党员参与活动情况，工作队驻村帮扶情况进行一次评比排名。"年表彰"即年底综合季度评比情况及考核情况，围绕机关企事业单位党支部争创"五好党支部"、农村党支部争创"红旗村"、驻村工作队争当"优秀驻村帮扶干部"等进行综合评选，对工作成绩优异的党支部、表现突出的党员干部进行表彰。"开展此项活动，目的是围绕稳定脱贫奔小康任务，以加强基层党建为核心，以支部结对共建为载体，提高城乡基层党组织的创造力、凝聚力和战斗力，为实现稳定脱贫奔小康提供坚强的组织保障。"时任兰考县委常委、组织部部长席建设表示。

"新启动的'支部连支部、加快奔小康'活动，就是要着力解决机关基层党组织功能弱化、活动虚化、作用淡化的问题，着力解决农村基层党组织引领作用不突出、服务功能不完善、党员管理不严格的问题。"时任开封市委常委、兰考县委书记蔡松涛表示，"要以活动的开展切实把稳定脱贫、全面建成小康社会的各项任务落到实处，推动兰考经济发展再上一个新台阶。"

第三阶段："三有三强"探路乡村振兴

2021年3月9日，兰考县召开创建巩固脱贫攻坚成果同乡村振兴有效衔接示范县暨驻村工作动员大会，这也是兰考10年来第三次大规模驻村工作动员大会。时任县委书记李明俊在会上响亮提出了建设"三个示范""四个兰考"的发展目标。"三个示范"是兰考要打造新时代传承弘扬焦裕禄精神示范县、县域治理"三起来"示范县、乡村振兴示范县，"四个兰考"是指要建设"拼搏兰考、开放兰考、生态兰考、幸福兰考"。

为了实现这个目标，兰考县按照"三有三强"要求，创新性地强化了驻村工作队员标准："三有"，即选派的工作队员要有爱农村、爱农民、扎根基层的为民情怀；要有壮大产业、带领群众共同富裕的发展理念；要有甘于奉献、勇挑重担的担当精神。"三强"，即派最强的科级干部当队长、选最强的机关党支部书记当队员、用最强的单位支持做后盾。按照标准，兰考选优配强了驻村队伍，在全县范围内推行"1联2"驻村帮扶模式（脱贫村选派1个工作队，同时联帮2个行政村），开展新一轮驻村工作队员优化轮换工作。驻村第一书记和工作队员在持续巩固拓展脱贫攻坚成果的基础上，围绕产业振兴、人才振兴、文化振兴、生态振兴、组织振兴5个方面，进一步探索实现乡村振兴的有效途径。

在人员选拔上，兰考鼓励机关企事业单位的优秀党员干部到基层一线开展帮扶工作，持续巩固拓展脱贫攻坚成果，为实现全面建成小康社会和加快推进乡村振兴提供坚强的人才支撑。

在人员分配上，从全县454个行政村中筛选一批重点帮扶村，每村由机关企事业单位选派1支工作队，1名副科级以上干部担任队长，1名机关优秀党支部书记（标兵、优秀干部）担任队员。

兰考县在对驻村工作队进行周密安排部署、充分组织动员、强化思想引导、从严从优选派的基础上，出台了一系列奖励政策和组织保障措施，以确保全县巩固拓展脱贫攻坚成果同乡村振兴有效衔接工作有序有力有效推进。

乡村振兴是个新的时代课题，驻村工作人员下去干什么？兰考第三次召开驻村动员大会明确：一要针对8类人群分类帮扶筑牢底线。8类重点人群都是兰考最困难的群众，兰考要求驻村队员下去后用两个月时间，精准排查出兰考最困难的村民以作为帮扶对象。二要帮助所驻乡村发展产业。兰考鼓励"一村一品一乡一业"，也鼓励各乡连片产业。三要推动乡村的全面发展，从教育、医疗、养老等公共服务方面解决脱贫以后兰考农村的民生短板问题。

　　驻村工作队怎么管理？为了减轻基层负担，在新阶段兰考不再要求驻村工作时间上的"五天四夜"，关键看效果，一切以结果为导向。驻村工作队必须把驻村帮扶工作任务干好、抓牢、夯实，奖得重罚得轻，奖得多罚得少，鼓励肯定、爱护、帮助，所驻乡村对工作队员要支持关心。

三、驻村实践的启示

兰考 10 年驻村帮扶工作在锤炼干部作风、塑造城市形象、探索发展路径方面收获了 3 个方面启示。

启示一：干部作风硬朗起来了

兰考在选派驻村帮扶干部时，特别强调要以"对群众的那股亲劲"为引领，明确驻村帮扶工作作风在国家重大战略落地方面的重要意义，教育干部牢牢树立"以人民为中心"的工作宗旨，通过思想先行凝聚驻村共识，让良好的作风成为驻村工作顺利开展的前提。

驻村帮扶工作的重点从一开始的"全面覆盖"逐渐走向了"选优配强""派训管用"，各级单位也以"抓工作的那股韧劲"为基本要求，通过建章立制引导驻村帮扶干部以结果为导向，心存"功成必定有我"的理念，不断调整工作方向，持之以恒、久久为功，一茬接着一茬干，打造出了一个又一个新时代兰考快速发展的全国示范。

兰考在攻克一项项重大难题时，始终要求驻村帮扶干部以焦裕禄同志"干事业的那股拼劲"为标杆，牢记理想信念、永葆初心使命，不断激发"拼上老命大干一场，决心改变兰考面貌"的勇气和斗志，在困难和考验面前"毋改英雄意气"，克坚攻难，久久为功，率先实现脱贫攻坚与全面小康，在乡村振兴探索方面走在了全国前列。

兰考驻村工作队员和干部始终按照习近平总书记说的，当"为民服务的孺子牛、创新发展的拓荒牛、艰苦奋斗的老黄牛"，践行"对群众的那股亲劲、抓工作的那股韧劲、干事业的那股拼劲"，以永不懈怠的精神状态、一往无前的奋斗姿态，乘势而上、接续奋斗，凝心聚力、拼搏奋进，扎实做好各项衔接工作，为全面推进乡村振兴、加快农业农村现代化作出应有贡献。

焦裕禄同志说过，"干部不领，水牛掉井"。在脱贫攻坚实践中，兰考探索实施了评选"四面红旗"村和工作标兵等激励干部争先创优的好做法。脱贫后，兰考持续评选"红旗"村，结合乡村振兴战略，调整完善了评选标准，将"四面红旗"调整为"稳定脱贫奔小康、基层党建、美丽村庄、乡风文明"四类，2018 年年底开展了第六批评选，评选了 130 个村 178 面"红旗"，通过选树先进、示范引导，有效地激发了农村党组织和农村干部干事创业的内生动力，切实推动了农村各项工作整体上水平上台阶。兰考还在 2023 年三级干部会上专门设立了一个特殊的议程，让 8 个村支部书记上台交回"四面红旗"村奖牌，进一步树立了奖惩分明的导向，激发了大家的干劲。

进入乡村振兴阶段，兰考驻村帮扶干部持续涵养为民情怀，坚持把群众满不满意作为检验能力作风的金标准，紧盯人民群众对美好生活的新期盼，推进以人为核心的新型城镇化，全面建设路畅兰考、水韵兰考、绿荫兰考、气化兰考，推进优质的教育、健全的医疗、暖心的养老，布局"一廊三带"建设美丽乡村，全面推广"一宅变四园"，让垃圾分类成为新时尚，不断改善群众生产生活环境，既鼓口袋又富脑袋，让群众的幸福成为新征程兰考之变的最亮底色。

兰考驻村帮扶干部不断浓厚"干"的氛围。坚持"四大班子齐上阵",建立"五部八组两会"工作推进机制,县级干部以上率下,每年集中3个月开展"百日住村",与基层干部围绕乡村建设等内容共同研究成长,当好"转化器"。把"四面红旗村""明星村党组织书记"融入"五星"党支部评选,打破入口、待遇、晋升3个天花板,依托"驻村标兵"评选树立鲜明用人导向,擦亮焦裕禄精神、"天下清官第一"张伯行这"两面镜子",让"领导领着干、干部抢着干、群众比着干"蔚然成风,把"兰考干部"品牌擦得更亮。

现在,只要你走到兰考农村,问起老百姓对驻村工作队员和领导干部的评价,他们都会竖起大拇指高兴地说,焦书记又回来了,我们过上好日子了!

启示二:兰考形象塑造起来了

从脱贫攻坚到乡村振兴,兰考所有干部牢记习近平总书记嘱托,把脱贫攻坚作为头等大事,"四大班子齐上阵",干在实处、精准发力,7万多名群众全部摆脱贫困,在全国第一批率先脱贫摘帽,同全国一道实现全面小康,2023年又成为全国乡村振兴示范县。通过这3个阶段,锤炼了一支敢打敢拼的干部队伍,用实际行动诠释了脱贫攻坚精神,形成了以拼搏为主题的新时代兰考精神。兰考兑现了承诺,探索了经验,体现了担当。特别是在2021年召开的全国脱贫攻坚总结表彰大会上,习近平总书记亲自为兰考颁发奖牌,给予兰考充分肯定,提出了殷切期望,全县上下为之鼓舞振奋。

在脱贫攻坚工作中,全县干部群众想在一起、干在一起,涌现出许多感人肺腑的先进事迹,在全县形成了浓厚的干事创业氛围。

红庙镇亓庄村驻村第一书记、工作队长徐玉杰同志，用工作的激情点燃了贫困群众的希望，用宝贵的生命兑现了"脱贫攻坚不获全胜决不收兵"的铮铮誓言。焦裕禄纪念园大学生干部贾路文主动请缨到谷营镇霍寨村，与村里干部一起建设韭黄项目，组建焦裕禄精神传承小学生乐队，在 2021 年"7·20"特大暴雨灾害中，带领村民积极排涝减灾，找到了焦裕禄当年为民舍命的激情。兰考全县 1000 余名扶贫工作队员，顶烈日、战酷暑、冒风雪、踏泥泞，在脱贫攻坚和乡村振兴主战场上留下了一串串奋进的足迹，用实际行动描绘了一幅幅向贫困宣战的动人画卷！

三义寨乡白云山村、范场特色专业村、青龙岗门业加工村等一大批明星村庄，考城的焦李河、红庙土岭、三义寨管寨，仪封胡寨、堌阳岳寨等，在农村的脱贫攻坚和集体改革方面都走在了前面。它们艰苦奋斗脱贫奔小康的生动实践就是兰考之变的缩影，拼搏兰考的成果！群众在各级党委政府和驻村帮扶干部的帮扶下，用自己的双手实现脱贫致富奔小康，生动诠释了幸福是干出来的，美好生活是拼出来的！

一个个奋斗的身影，一幕幕拼搏的场景，一声声冲锋的号角，一张张幸福的笑脸，共同谱写了拼搏兰考脱贫蜕变的出彩篇章！

"拼搏"名片是兰考经过多年脱贫攻坚历练后形成的精神品牌与时代名片，是脱贫攻坚精神在兰考生动实践的精彩表达，更是每一个兰考驻村帮扶干部过去多年取得优异成绩的核心动力与今后持续奋斗的常规方式。在新征程中，叫响"拼搏兰考"品牌，全县党员干部群众深学细照笃行焦裕禄精神，要干在实处、拼搏进取、走在前列的氛围更加浓厚，使拼搏精神成为兰考人的新名片，使拼搏创新成为新时代兰考的城市精神，不断凝聚起推动高质量发展、实现共同富裕的强大力量。

启示三：永不离村的工作队培养起来了

如何让驻村促发展成为兰考发展的常态化发展模式，兰考在脱贫以后就开始探索这方面的路径。实践证明，无论是平常时候，还是关键时刻、危难关头，基层党组织和党员始终是广大群众最可靠、最坚强的主心骨，这就是我们党的政治优势、组织优势和密切联系群众优势。这些优势，来自以习近平同志为核心的党中央以上率下、率先垂范，带动全党始终保持统一的思想、坚定的意志、协调的行动，团结带领广大党员干部群众奋进新征程、建功新时代；来自各级党组织和广大党员自觉学习领会习近平新时代中国特色社会主义思想，坚定理想信念，锤炼党性修养，保持共产党员的政治本色；来自各级党组织严格党员日常教育管理，既"造形"更"铸魂"，引导广大党员在平常时候看得出来、关键时刻站得出来、危难关头豁得出来。

兰考通过 10 年驻村探索，总结出了一套永不离村、规范高效的县域治理发展运营模式。

兰考在驻村帮扶工作中打好"选育、管理、保障"3 张牌，确保了兰考巩固拓展脱贫成果同乡村振兴的有效衔接。

1. 打好"选育牌"，持续强化驻村帮扶力量

兰考县坚持把选优、配强、用好驻村帮扶干部作为巩固拓展脱贫攻坚成果、促进乡村全面振兴的重要抓手。一是明确驻村选派原则。认真贯彻落实中共中央办公厅《关于向重点乡村持续选派驻村第一书记和工作队的意见》及省级轮换工作要求，组织 454 个机关企事业单位党组织与 454 个农村（社区）党组织结对，建立健

全"支部连支部"帮扶架构，按照"党群部门帮弱村、经济部门帮穷村、政法部门帮乱村"的原则，从全县机关企事业单位选派优秀干部开展驻村工作队选派轮换工作。二是严格驻村选派标准。制定"三有三强"选派标准，即"有爱农村、爱农民、扎根基层的为民情怀，有壮大产业、带领群众共同富裕的发展理念，有甘于奉献、勇挑重担的担当精神"和"派最强的科级干部当队长、选最强的机关党支部书记当队员、用最强的单位支持做后盾"，机关企事业单位118名科级干部和1020名优秀干部组成222支驻村工作队，对115个脱贫村、19个乡村振兴任务重的村、16个党组织软弱涣散村实行"一对一"派驻，其他村按照"1联2"或"1联3"原则进行帮扶，实现驻村帮扶全覆盖。三是加强业务能力培训。围绕解决好驻村帮扶干部"帮什么、怎么帮""干什么、怎么干"问题，编制《全面打赢打好脱贫攻坚战工作指导手册》《稳定脱贫奔小康实战手册》等"本地教材"，让一线干部干活更有方向、有依据、有抓手。通过"请进来"和"走出去"相结合、课堂教学和现场教学相结合等方式，依托焦裕禄干部学院、乡村干部实训基地，采取"小班额""逐一过筛子"培训形式，围绕基层党建、巩固拓展脱贫成果、乡村振兴等方面，邀请国内知名专家教授、组织行业部门业务骨干和优秀村党支部书记等"土专家"，通过课堂教学、讨论互动、实地观摩等，对全县驻村工作队进行封闭式、常态化轮训，全面提升"实战"本领。

2. 打好"管理牌"，驻村帮扶工作常态化推进

"这一户是2016年的脱贫户，家中3口人，有1个年轻劳动力，目前主要依靠肉羊养殖增加收入……"东坝头镇长胜村原稳定脱贫奔小康工作队员金大磊向新派驻工作队队长张世峰介绍。

　　为确保新一届驻村工作队员快速投入工作，兰考县明确了新老队员为期 3 个月的工作交接期。同时，兰考县通过组织召开视频周例会、下发《近期（重点）工作提醒》等形式，条目式明确驻村帮扶工作任务，指导驻村帮扶工作开展。

　　为管好驻村工作队伍，兰考县从明确职责、完善制度、强化管理、加大督查力度 4 个方面下功夫，出台《兰考县驻村工作八条奖惩措施》《兰考县加强驻村工作队管理激励的五条措施》，把驻村工作成效与工作队员、所在单位党支部和派出单位评优评先、目标管理和绩效考核挂钩，夯实责任、形成合力。

　　"干部群众一起吃大锅饭、吃熬菜，开展农村人居环境整治提升，村庄干净了，老百姓的生活习惯也逐渐变化，户户收拾得干干净净。"环卫中心科级干部王留成带领支部党员到结对村闫楼乡郭西村开展"清零"活动时说道。

　　兰考县明确职责分工、多措施加强日常管理，推动驻村帮扶工作取得实效。乡镇（街道）负责工作队员日常考勤、工作安排和季度评定、半年评定；县委组织部、县乡村振兴局每年联合开展一次年终考核；县纪委监委不定时抽查工作队员在岗情况和廉洁纪律情况；乡村振兴局和督查局联合负责日常驻村帮扶工作成效督导检查。

　　进入乡村振兴阶段以来，兰考坚持"周例会、月推进会"制度，每周下发工作任务清单，安排部署重点工作，给驻村帮扶干部定目标、明方向、压担子，让他们心里有事、手里有活。一是强化驻村帮扶工作管理。出台《驻村第一书记管理办法》《兰考县驻村工作八条奖惩措施》，把驻村帮扶工作与工作队员、所在单位党支部和派出单位评优评先、目标管理和绩效考核挂钩，进一步夯实工作责任，传导工作压力，形成工作合力。二是加强业务督导指导。持续开展"百日驻村"活动，县级领导干部和各单位主要负责人每周到分包村住一晚，提高与工作队见面率，帮助驻村帮扶干部发现、解决问题，厘清发展思路。由乡镇党委负责工作队员的日常考勤、工作安排，由县纪委监委对工作队员在岗情况和廉洁纪律情况进行不定期抽查，由乡村振兴局负责业务的具体指导，并和督查局联合负责驻村帮扶工作成效的督导检查，确保驻村帮扶各项工作任务落到实处，取得实效。三是完善机制提高素能。实行"周点评、月擂台"工作机制，由包乡县领导和乡镇（街道）干部参加，第一书记（工作队长）轮流上台述职，全面提升综合素质能力。四是强化宣传树立榜样。在县电视台开设《振兴之路》专栏，借助微信公众号、手机报等，大力宣传各类驻村帮扶干部先进典型，用身边的事教育身边的人，为驻村帮扶干部树立榜样。

3. 打好"保障牌"，驻村帮扶成效巩固提升

为保证驻村帮扶干部能安下身、沉下心工作，激发驻村帮扶干部工作热情和干劲，兰考县在落实驻村帮扶干部基本待遇保障的基础上，从"真正脱岗驻村"和"干好就能进步"两方面着力。

"支部连支部"
驻村帮扶工作机制
　"1 联 1" 或 "1 联 2"
　脱贫村工作队员不少于 3 名
　其他村工作队员不少于 2 名
　222 支驻村工作队
　1067 名优秀干部
　⟶ 实现驻村全覆盖

工作任务
　①加强基层组织建设
　②紧盯防止返贫监测帮扶
　③着力发展富民产业
　④多措并举稳定就业
　⑤发展壮大村集体经济
　⑥改善农村人居环境
　⑦强化基础设施建设和管理
　⑧提升基层治理水平
　树立"重基层、重一线、重实绩"的鲜明用人导向，五年来评选标兵 220 人，提拔 137 人，职级晋升 36 人

兰考县驻村帮扶干部管理示意图

233

　　"真正脱岗驻村"：驻村帮扶干部能不能脱岗，关键要靠派出单位的支持。兰考县委明确规定，工作队派出单位必须无条件支持队员脱岗驻村，不准以单位业务繁忙为由影响工作队员驻村。凡是出现严重问题的，派出单位"一把手"和驻村第一书记（工作队长）同责处理。

　　"我们每年开展一次'百日住村'，县级以上领导干部和行业部门负责人每周到分包村住一晚，指导驻村帮扶干部开展工作。"县委副书记刘国飞说。

　　"干好就能进步"："我们把脱贫攻坚和乡村振兴一线作为培养锻炼干部的主战场，将优秀人才选派到脱贫攻坚和乡村振兴最前沿，在一线历练成长；而且'干好就能进步'不只是说说而已。"李明俊说。

　　脱贫攻坚期间，兰考县先后评选出 2 批 70 名"驻村扶贫标兵"；稳定脱贫奔小康期间，又先后评选出 3 批 150 名"稳定脱贫奔小康工作标兵"。目前，5 批 220 名"标兵"在乡村一线当尖兵、打头阵，成为推动乡村振兴的攻坚力量。先后有 137 名"标兵"得到提拔重用。

　　为保证驻村帮扶干部源源不断，素质水平越来越高，兰考还出台了一系列计划。兰考今后将坚定不移贯彻好、落实好中央、省、市决策部署，持续传承弘扬焦裕禄同志的"三股劲"，打造出一支"能力强、拼劲足、能吃苦"的驻村帮扶队伍，为推动兰考在乡村振兴中持续走在前作示范提供坚实保障。

后　记

对于驻村第一书记和工作队来说，乡村治理是一项更加复杂，也更加具有挑战性的任务。在乡村中如何加强党的领导，使党和国家的各项政策真正在基层得到落实，如何建立起服务群众的机制，如何将法治建设与村民的自主性有机融合，如何建设良好的家风乡风，所有这些问题都需要驻村第一书记和工作队在帮扶过程中摸索，找到恰当的工作方法。本书只是提供一些引导，在乡村如何开展工作，还需要驻村第一书记和工作队根据实际情况进行探索和创新。

参加本书写作的专家学者都对驻村帮扶和乡村治理方面有较多的研究。全书由王晓毅研究员、张博副教授设计框架，并承担组稿、修改、统稿，协调出版、推广等工作，中国扶贫发展中心黄承伟主任指导了本书的策划、编写和审稿。

导言和第二章由王晓毅研究员编写；第一章由燕连福教授和王红艳副研究员编写；第三章由张建博士和孙兆霞教授编写；第四章和第七章由田丰韶副教授编写；第五章由宗世法博士和孙兆霞教授编写；第六章和第十章由覃志敏副教授和韦东阳博士编写；第八章由苏海副教授和刘军编写；第九章

由蒋培博士编写；第十一章由刘军先生和苏海副教授编写；
第十二章由吴长胜和王伟峰编写。

不妥之处，敬请批评指正。

本书编写组

2023 年 8 月 20 日